이상익
장시모음시집

다시 살아 여기에

GAP

이상익 장시모음시집

다시 살아 여기에

저자의 말

시가 혁명이 될 수 있을까
아니 개혁이라도 될 수 있을까
시가 사람을 울리고 웃기고 희망과 절망을 주고
행복과 불행의 일상으로 이끌 수 있을까
나의 시는 그런 능력이 있는가
나의 시가 특히나 우리 현대사를 말하고
역사 발전에 기여할 수 있을까
시의 영향력은 어디까지이며
나의 시는 그런 힘이 있을까
그냥 넋두리 잡문에 불과할까
우리 현대사 복판에서 나름대로 가열차게 살아온
나의 시가 일말의 역할이 있었다면
그것으로 이 시집이 세상에 나오는 의미가 있다고
시건방지게 생각해 봐도 되는 것일까

2025년 2월 8일
저자 이상익 삼가

차례

저자의 말 ● 3

 제1부 평화만이 답이다

BBK 규탄 ● 10
나는 알았음 ● 12
평화의 바다, 한라산이여 – 남녘, 북녘 하나됨을 기원하며 ● 14
희망의 봄, 새벽을 맞으며 ● 21
한미 쇠고기 늑약에 서명할 수 없다 ● 24
6조 원 ● 26
1980년 광화문 ● 28
완전한 시민혁명의 날이여 ● 30
골로 간 사람들 ● 33
아, '레드 아일랜드'여! ● 35
베트남의 사랑노래 ● 42
촛불 하나 켜 들고 ● 44
압록강에서 ● 46
솔롱고스 나의 누이여 ● 49

제2부 나는 누구인가

희망과 허망 사이 • 54

나 그리고 또 다른 나 • 57

추억의 곤천내*에 서면 • 58

그리움, 겨울여행 • 60

나는 변절자입니다 • 63

그래도 희망입니다 • 66

나는 죄인입니다.

 – 어버이날, 하늘 어머니께 보내는 편지 • 68

천국 가는 길 • 70

나는 때로 섬이 됩니다 • 74

내 젊은 날의 꿈 • 75

 제3부 **우리가 죄인입니다**

피지 못한 꽃 ● 82
마지막 꽃들이 오고 있다 - 그녀가 내려가니 꽃들이 올라왔다 ● 87
오, 베트남! ● 90
죄짐 더 짊어지고저 ● 94
함안보 애가 ● 96
노무현이 보고 싶다 ● 98
용산, 아직도 그곳에는 ● 107

제4부 다시 살아 여기에

장사익 - 소리에 젖다 • 110
아, 천상병 • 112
아, 손양원 • 114
열사의 밤이여 • 117
열사께서 내게 묻고 계신다
 - 이준열사 서거 100주년에 즈음하여 • 120
라즈돌로예역*에서 장군을 뵈옵다
 - 고려인 이주 150주년에 홍범도장군의 넋에 붙여 • 123
오, 민족의 교토중고등학교여 • 127
만주벌판에서 대왕을 뵈옵다 • 131
한강에 빠지다 • 133
어떤 짝사랑 • 137
아, 문익환 • 139
다시 라즈돌로예역에 서서 • 143
김주열, 지금 여기에 • 146

평화만이 답이다

BBK 규탄

진실은 거리를 헤매고
촛불은 흐르고 흘러
환한 강물을 만듭니다
여기
광화문 거리에 서면
진실을 찾을 수 있을 것 같아
난,
오늘밤에도 무언가에 홀린 듯
그곳을 향합니다

어묵 두 개로 저녁을 때우고
가냘픈 촛불 하나 켜 들면
별이 이곳에 와
달이 이곳에 와
진실 하나하나 구슬 묶음으로
어둠을 감쌉니다

당신으로 인해
우리가 왜 슬퍼져야 합니까
당신으로 인해
왜 진실이 죽어져야 합니까
당신으로 인해
당신으로 인해
또다시 다가 온 겨울공화국의 혹한을 어찌하라는 겁니까

'바르게 살라'
'거짓말 마라'
'위장전입, 위장 취업 마라'
'탈세하지 마라 '
'끝까지 우기다가 발각되면
그때 가서 미안하다고 해라'

차가운 밤공기 볼에 닿으면
그 감촉만큼이나 진실은 싸늘히
거리에 팽개쳐진 채
어둠의 거리에 말뚝처럼 고개 숙이고
우두커니 서 있습니다.

지금
진실은 거리를 헤매고
나 또한 뜻 없이 스쳐가는 인파와
뜻 없이 내달리는 자동차들 속에서
그저
우두커니 서 있습니다.

*2007년 12월 13일. BBK규탄 광화문 촛불집회에서

나는 알았음

'일등을 기소할 수 없다'는
그대의 대빵의 말에
홀로 서지 못하는 비굴함이
툭툭 흘러내리고 있음을
나는 알았음

질문을 일절 받지 않은 채
황망히 사라지는 그대의 뒷모습에서
무언가에 쫓기고 있는
그대의 초조함이 있음을
나는 알았음

서면 조사로 얼렁뚱땅
해치워버린 그대의 꼼수에
그대의 작전이 무엇이었는지를 이미
나는 알아 버렸음

재벌과 권력자에 어쩌지 못하는
그대의 나약함이 결코
'정의를 드러내는 일'과는 무관한 조직이며
그대들 스스로 어둠을 밝힐 수 없는
꺼진 불임을 자인하고 있음을
나는 알았음

이 모든 것을 통하여
각하 '예쁘게 봐주세요', '저 여기 있어요'
살랑대는 복슬강아지의 비굴함을
나는 알았음

이 모든 것을 통하여
이 땅의 그대들은
강한 자, 일등인 자, 가진 자들의
복슬강아지임을,
약한 자, 꼴등인 자, 가난한 자들의 늑대임을
온 천하에 말해 주고 있음을
나는 알았음

이 모든 그대들의 날구지를 통하여
모든 국민은 '법 앞에 평등하다'는 말이
미친갱이 지랄 염병하는 말임을 잘 알게 해 줬다는 사실을
나는 알았음

*2007년 12월, 권력의 주구 노릇만 하는 검찰의 불의함어 분노하며

평화의 바다, 한라산이여
- 남녘, 북녘 하나됨을 기원하며

최고급 등산화에 아이젠과 스페치를 하고
낭가파르밧* 8125미터 공식 등정기념 등산복을 입고
난,
성판악에서 백록담,
그리고 관음사를 관통하는
완전 종주의 한라산에 오른다

장장 11시간 30분!
바람 한 점 구름 한 점 없는 고요의 하얀 바다
산죽과 어린 주목만이 눈더미 속에서 고개를 내밀고
1미터 이상 눈밭에 파묻힌 채
끝만 보이는 방지 막대기만 응시하고
꾸역꾸역 욕스러이 오른다
간혹 까마귀 까악 소리만 귓전에 올뿐
천지는 하얀 고요 외 아무것도 없다

제주에 오면
항상 다가와 떠나지 않는 4.3!
난, 수놈 공작새 치장을 하고 멋진 사나이가 되어
정복자인 양 이곳을 오르지만
아
또다시 살아나는 제주의 4.3은
진달래 혼으로 살아

나의 발길을 흔든다

1

이 땅의 그 많은 비둘기들은
다 어딜 갔기에
이 골 저 골엔 하얀 주검들만이 있을까
이념의 쇳덩이에 가위눌린 채
어찌하여 이 얼음 박힌 골짝에서
아직도 두 눈 부릅뜨고 누워만 있는 걸까

우린 언제까지 이데올로기의 노예로 살아야 할까
머리엔 이념으로 무장하고
거기서 나오는 흉포와 살기로
도륙의 향연을 펼치는
정신병자의 살육놀이

지리산에도 한라산에도
널브러지게 두 눈 부릅뜬
저 꽃잎들 꽃잎들----

아
아무것도 상관없는, 아무것도 모르는

저 순진무구의 젖먹이까지
내일모레면 하늘나라 가실 80의 할아버지까지

그래
빨치산이라고 하자
폭도라고 하자
도대체 우린 언제까지 그래야만 하는가
언제까지 마술에 걸려 시뻘건 두 눈으로
피를 쫓아다닐 것인가

2

욕된 목숨 죽지 못해 미친년이 되어
서귀포에서 성산 일출봉까지,
한라산 백록담에서 반대편 관음사까지
허겁 대며 뛰어다니는
저 피투성이 맨발의 누이
순이* 삼촌의 애달픈 넋을 어찌하려는가

상진*과 상구의 천륜을 빼앗고
하섭과 소화 아가씨의 사랑을 뭉개버리고
도대체 도대체
언제까지 기약도 없는 하대치*의 분노를 품고 살 것인가

무슨 자격으로?
무슨 권한으로?
저리도 아름다운 사랑을,
저리도 하늘이 맺어 준 인연을
뭉개뜨려 없애 버리는가
권력과 이데올로기가 만병통치약이라도 되는 건가

박정희의 7.4도,
김대중의 6.15도,
노무현의 10.4도,
진정 사랑이었으면, 사랑이기를
굳게 잡은 악수이기를
모든 거짓 쫓아내는 평화의 깃발이기를
으스러지도록 껴안는 연인이기를

그 무엇도 안된다
그 무엇도 아니다

3

신동엽의 읍소 같이
껍데기는 가든지

까서 버리든지
아니면 머얼리 쫓아 버리든지
더 이상 바보스런 노예짓은 접어야 한다

사람됨과 사람됨을 하나로 엮는
사랑만이 모든 가치에 우선한다
이것만 남기고
이것만 보듬고
암흑의 터널을 나와야 한다
그 어떤 가치에도 우선하는 사랑만 보듬고
그 무엇과도 바꿀 수 없는 생명만 보듬고
더 이상 진달래가 피를 토하지 않도록
더 이상 형제의 천륜이 끊기지 않도록
더 이상 희멀건 이념의 종노릇에서 허우적 되지 않도록

가야 한다 가야만 한다
백록담 그 깊은 심연 속으로
한숨에 달려 내려가
무릎 꿇고 석고대죄하면서
숨겨놓은 저 속 깊은 곳
살기와 분노를 다 토해내고
노예의 욕된 굴욕도 벗어던져야 한다

"이젠 우리 함께 살아요

그 모든 허물일랑 다 거두고
남은 여생이라도 살갑게 살아요 "

으스러지도록 껴안은
두 가슴만 남기고

4

모든 것이 살아서 돌아오는
한라산이어야 한다
나도 여기
너도 여기
우리 모두 여기에 살아
뼈도 마음도 혼까지도
하나로 녹아내릴
한라산이 되어야 한다

오
우리를 살릴 한라산이여
욕된 목숨,
찬란한 빛으로 탄생케 할
우리의 한라산이여!

오
평화의 바다 한라산이여

오
새로이 태어날
부활의 활화산이여!

*본인이 한국도로공사재직 시, 낭가파르밧 등반팀으로부터 선물 받은 공식 유니폼
*현기영 소설 〈순이 삼촌〉 인물
*조정래 소설 〈태백산맥〉 인물들

희망의 봄, 새벽을 맞으며

뜬눈으로 보낸 하얀 밤
새벽과 아침의 시간 그리고 지금에도
나의 눈은 더욱 초롱 하다.
이 무슨 조화인가.
부패와 비리의 사슬
쌓이고 쌓여서 적폐가 되어버린 이 나라
국정이 농단되고
권력이 인간의 영혼마저 통제하는 나라
자금을 몰아치고 자리를 빼앗는 나라
아
유신시대로 돌아가 버린 나라

아직도 이 땅에는
독재자의 그림자 드리워져 있고
다카끼마사오의 동상이 200개나 있는 나라
광주학살 원흉의 흔적이 살아있는 나라
독립운동 후손들이 가난과 무학의 굴레 속에 살아가고
친일 부역자 후손들은 떵떵거리고 호의호식하고 있는 나라
이명박근혜의 4대 강과 국정교과서가 살아있는 나라
빨갱이, 종북좌파 장사꾼과 생산공장이 호황을 누리는 나라
한국형 매카시와 마녀사냥이 아직도 유효한 나라

이 모든 적폐를 뽑아내지 않는 한
이 땅 어디에 희망이 있을까?

이 땅 어디에 새 나라 있을까?

이제 말끔히 거둬 낼 시간이 역사 앞에 섰다.
확신 속에 찾아온 봄날 아침
그동안 수없이 싸워 온 시간의 조각들이
방 전체에 아침 햇살같이 스며드누나.
촛불이 강물 이루고 바다를 이룰 때
잃었던 희망은 찬란한 빛으로 변하여 우리 앞에 섰다.
겹으로 쌓인 절망의 떡 덩어리 한 겹씩 벗겨지고
새날의 선물로 우리 앞에 섰다.

조금의 의심도 조금의 두려움도 없이
새날을 맞으리라
백성이 주인이 되어 민주가 활짝 열리고
평화의 물결이 남북을 휘감는 날
그리하여 공의가 강물이 되어 흐르는 나라
압록강에서 낙동강에 이르러
백두에서 한라에 이르러
단숨에 내달리는 나라
새날을 위하여
새날의 주인 됨을 위하여
그리하여
영원히 살아야 할 이 땅을 위하여
오

승리의 시간은 가까이 오고 있다

봄은 결코 그냥 오지 않는 것
자연의 봄은 신의 것이나
역사의 봄은 인간의 책임이다.
이제 더는 어리석지 말자
이젠 더는 바보가 되지 말자
빼앗겼던 4.19도
빼앗겼던 80년 봄도
빼앗겼던 87년 항쟁도
이젠 되찾자.

탄핵이 민심이고
민심이 탄핵이다.
오
승리의 시간이 가까이 왔다.
지금 이 시간
그 선한 싸움의 선물이 우리 앞에 섰다.
아
철옹성 적폐의 쇠 벽을 무너뜨리고
썩은 피고름 새살로 이겨내고
희망의 봄이 되어 우리 앞에 섰다.

*2017년 3월 10일 새벽. 박근혜탄핵 헌재판결을 기다리며

한미 쇠고기 늑약에 서명할 수 없다

"쇠고기 전 연령, 전 부위를 무조건 개방할 수는 없다
검역주권의 포기도 할 수 없다
나는 우리 국민의 건강과 안전을 최우선으로 여기고 있다
농가피해의 최소화에 대한 고려 없이도 안 된다
광우병 발병소의 99%가 30개월 이상 소 임을 나는 알고 있다

미국 쇠고기 반대하면 반미주의자고, 친북좌파라고 억지 주장하는 사람들과 일부언론이 있다
이들은 사태가 불리해지면 항상 진부한 색깔공세로 본질을 호도해 왔으니 너무 개념치 마라
나는 미국을 반대하거나 미워하지 않는다
미국이 자국의 국익을 위해 당당히 주장하듯
우리도 우리 국민과 국익을 위해 당당해야 할 것이다
왜 일본도, 동남아 주변국들도 개방의 수준과 기준을 감안하는데
도대체 우리는 일본 중국 홍콩 대만....... 보다 못 하단 말인가

나는
우리 헌법에 명시되어 있는 국민건강과 행복추구권을 지키겠다고 국민과 만천하에
손들어 선서한 사람으로서 국민들을 위험으로부터 지켜내야 할 의무가 있다
또한 민족적, 국가적 자존심마저 무너뜨리는 일에 앞장

설 수 없다

　이제, 이 시점에서
　나, 대통령은 결론 내리겠다
　한미 쇠고기 늑약에 서명할 수 없다
　30개월 미만 소의 수입과 기타 사항에 대한 재협상이 아니면 즉각 중단하라
　거듭 말 한다
　이 문제는 모두 중단하고
　한 발짝도 나가지 마라 "

*위의 글은 이런 대통령을 그리워하며 상상하여 쓴 글임.

6조 원

 잠에서 깨려 하니 내 머리 곁에 강도가 눈을 부라리고 서 있다
 내가 일어나면 날 죽일 것 같아 자는 척을 계속했다
 강도가 나의 머리통을 발로 툭 툭 쳤다
 나는 너무도 겁에 질려 모른 체하고 웅크렸다
 드디어 강도는 나를 일으켜 세우고는 금고 있는 곳을 대라고 윽박질러댔다
 나는 우리 집에는 금고가 없습니다라고 하였다.
 그럼 현금카드를 내놓으라 했다
 나는 못 들은 척 딴전을 피웠다
 강도의 강한 주먹이 내 아구통을 날렸다
 나는 그 자리에 퍽 쓰러졌다
 카드는 강도의 손으로 옮겨갔다
 강도는 다시 비밀번호를 다그쳤다
 또다시 머뭇거리니 옆에 칼을 들고 있던 다른 강도가 찌를 듯이 덤볐다

 그렇게 나의 돈은 탈탈 다 털렸다
 아버지 병원비며 막내딸 등록금 걱정이 확 밀려왔다
 얼마간 시간이 흘렀다
 그때서야 나는 터진 내 입술에서 흘러내린 피가
 내의를 적시고 있음을 알았다.

*미국 대통령 트럼프는 우리에게 방위비 부담금으로 6즈 원을 내놓으라고 한다. 깡패도 이런 깡패가 없다. 아니 완전 날강도라고 스스로 인정하고 우리의 목에 칼을 들이 밀고 있다.

1980년 광화문

바삐 추위는 오고 진작에 빼앗겨 버린 나의 젊음 위로
생각 없는 눈발은 나리고
어디에도 우릴 찾는 이 없었다
이미 습관으로 안착된 광화문 뒷길 따라
아직 어둑함에 눈 뜨지 않은 종로 청진동 해장국밥집을 돌아
곁눈 힐긋거리며 지나치면
우리들 보다 먼저 서성이며 삐죽삐죽 고개 못 드는 얼굴들
공포에 낯섦에 그리고 빈 호주머니에 왔던 길 돌아서는 우리들

어디가 그곳이고 어디가 갈 곳일까
진정 어깨 펴고 당당히 걸어갈 우리의 길은
무엇으로 겨울을 담대히 대할 수 있을까
모든 것은 뽑히고 잘리고 묻히고 막혀버렸는데
지우지 못해 고개 돌려 응시하면
그곳엔 영락없이 초라한 우리의 얼굴들이
맨살로 비벼대며 웅크리고 섰고
치켜뜬 눈깔들만 빛을 발하고 있는데

그나마 나머지 우리는 어디로 갔을까
고향땅 밭을 갈고 어느 해변에 설운 배질 하고 있을까
하나 남은 몸뚱어리 오늘도 인력시장을 기웃거릴까
설운 세월 이곳을 뒤로하고

눈물 쏟고 있을까

거리마다 퀭한 눈빛과 치켜뜬 눈깔들이
부딪치며 상존하는 광화문 이 거리엔
부질없는 눈발만 흩날리고
아무도 찾는 이 없는 우리들 눈은 더욱 붉어져 간다

완전한 시민혁명의 날이여

오,
위대하여라
국민혁명이 완결된 날
이렇게 도둑같이 우리 곁에 오다니
무혈의 혁명이요
명예로운 혁명이요
축제의 혁명이요
위대한 국민의 승리로다
국민 하나하나가 혁명의 전사로서
드디어 이뤄내고야 만 승리
단군 이래 언제 이런 혁명 있었던가
언제 이런 역사 가져보았던가
언제 이런 국민 완전 승리의 날 있었던가
언제 이런 나라 우뚝 선 기회 가져 보았던가

4.19 혁명도 박정희 군사 쿠데타에 짓밟히고
80년 그 초록의 봄도 전두환 신군부에 탈취당하였고
87년 6.10 항쟁의 그 혁명적 기운도 양김 분열로 또다시 빼앗겨 버렸어
모든 것은 미완이었고 모든 것은 빼앗긴 채 지금껏 살아왔어

오,
촛불시민 혁명

이번 박근혜 국정농단으로
박근혜를 탄핵하고 감옥으로 보냈지만
회개하지 않은 자들과 극우반동세력들에 의해
또다시 시민혁명은
미완의 혁명으로 남을 뻔하였어
위대하여라 대한민국 국민이여
우리는 결국에야 그 질곡의 세월을 뒤로 보내고
완전한 종결적 시민혁명을 이끌어 내었다!
이 완전한 혁명!
단군 이래 이토록 시원하고 깔끔하고 통쾌한
그래서 멋들어진 국민승리의 날이 있었던가

오
존경스런 대한국민이여
오
위대한 대한민국이여
이제
이 열기, 이 바람으로
나아가자 민주국가
나아가자 평화통일
나아가자 국민통합
나아가자 서민복지
나아가자 적폐청산
나아가자 군사주권을 향해

*2017년 5월 9일 대통령선거 출구조사 발표를 보고

골로 간 사람들

보도연맹. 1

할머니 A : 주구가 찍으라캐서 찍으주떠마는 고마 잡아가서 아직도 안 오요
나 : 무엇을 찍어라 했는데요?
할머니 A : 무슨 연맹인가 먼가 안있능교 와
나 : 아, 예 보도연맹 가입서 말이군요
할머니 A : 찍으먼* 조타캐서 찌거존는데 고마 매칠뒤에 오드마 잡아가삐데
아이고 우리 시동생 우찌 됐을꼬?
인자 고마 주것겠제?

*면사무소인가 이장인가가 나와서 마을 젊은이들에게 보도연맹 가입하면 좋다고 하면서 찍어갔다고 함.

보도연맹. 2

나 : 할아버지, 일제 때나 6.25 때 겪은 일 참 많으시죠?
할아버지 : 나는 모리요. 씰데업시 와 그런거 묻능교?
나 : 저는 그때 태어나지 못해서 궁금해서요
할아버지 : ----
나 : 그때 저 갓데미산*에서 인민군과 미군들이 싸우고 잡혀가고 난리 났다고 하던데요?

할아버지 : 아이고 말도마소.

양손을 꼬내끼하고 철사로 묶고 이 길 따라 저쪽*으로 얼매나 마이 끌고 갔는지---

나 : 인민군들을요?

할아버지 : 젊은사람들 말케 나래비*해서 덱꼬가데

인민군도아인데 와 잡아가는지---

아이고 무시라

참고 : 위 글 두 편은 수년전, 함안군 이수정(낙화놀이하는 곳) 바로 옆 괴항마을에서 6.25 전후 민간인희생자에 관해 이야기를 하던 중 나와 어르신들과의 대화내용을 근거하여 쓴 글임.

*'갓데미산' – 지도상에는 〈여항산〉이며 피아간 19차 뺏고 빼앗겼던 전투현장임. 이곳 어르신들은 여항산을 "갓데미"산이라 불렀고 그것은 미군이 후퇴하면서 여항산을 가리키며 '신이 저주하다' 는 지독한 욕인 갓뎀" "갓뎀"하니까 갓데미산으로 불렸다는 전설이 있으며 대부분 그렇게 알고 있고 본인도 어릴 때부터 갓데미산으로 알고 있었음.

*'저쪽으로'―'저쪽'은 마산 진동 쪽이며 수많은 이들이 수장된 마산 괭이바다에 수장시키기 위하여 끌고 간 것이라고 봄.

*'나래비'해서 – 나란히 줄을 세워서

아, '레드 아일랜드'여!

1947년 3월 1일.
꿈에도 못 잊을 조국 광복과 3.1 독립운동을 기리는 28주년 기념식!
그날을 기념하기 위해 모인 애국제주도민들
그러나 미군정은 군중을 흩트렸고 경찰은 군중에게 총을 쏘고
그 총구에 사람이 죽어 나갔고[1] 길 사방은 동백핏빛으로 물들여졌다.
아
젖먹이 어린것을 가슴에 안은채
꽃잎 되어 스러져간 21살의 어린 엄마와
코흘리개 개구쟁이에게마저 가슴에 총알을 퍼부은
너희들은 씻을 수 없는 그 죄를 어떻게 할 것인가?

민과 관의 직장인 95%의 참여!
도청등 166개 기관, 단체, 41,211명이 파업하고
학교는 문을 닫고 상점은 철시하고
경찰 66명과 검찰, 법원직원들 마저도 한마음으로 외쳤던 이 제주의 함성!
발포 진상규명과 책임자 처벌의 너무나도 정당한 주민들의 이 요구를
미군정과 경찰은 '정당방위'[2]라는 엉뚱한 말로 더 가혹하게 짓밟아 버리고
"싹 쓸어 버리겠다"는 조병옥의 미쳐 날뛴 목소리만

이곳저곳에 악귀소리 마냥 퍼져 나가고 있었다.

아
미군정은 왜 제주를 '빨갱이 섬'[*3]이라 딱지를 붙이고
군인과 경찰과 그것도 부족해 서북청년단[*4]까지 투입시켜
도민을 향한 폭압과 살상에의 고삐를 당겼었나?

이젠 해방된 땅
광복의 조국 땅에 일제 군국주의 척결과 친일잔재세력 정리는
모든 국민들의 소망이었고 가장 1순위의 현안이었건만
어찌하여 친일경찰과 친일군인 그리고 친일관료[*5]들을 정리하기는커녕
그들을 왜 해방된 이 땅에 그대로 복귀시켰었나?
그리하여 이들의 손에 의해 되려 무고한 양민이 핍박을 당하게 만들었나?
극악부도한 미군정청 조병옥 경무국장과 제주도사 스타우트 소령[*6]
그리고 박경훈, 유해진 도지사는 지하에서라도 답 좀 해봐라
그래,
그것도 부족해서 왜 서북청년단[*7]까지 불러들여 방방곡곡 미친 듯 휘저으며
죽창과 총칼로 살육 잔치를 벌이게 하였나?

도대체 선량한 제주도민의 목숨이 한갓 파리떼였나 개구락지였나?

 나는 여기서 묻는다
 과연 제주도민들이 간첩이었나?
 더군다나 어린아이와 부녀자와 노인들이 간첩이었나?
 빨갱이였나?
 아니면 폭도였나?
 그들의 진상규명 요구가 부당하였나?
 주민을 죽인 경찰을 처벌하라는 요구가 불순하기라도 하였나?
 아니,
 3.1절 기념행사를 빌미 삼아 빨갱이 잔치라도 하였다는 말인가?

 해방을 축하하고 3.1절을 기념하기 위한 애국충정의 제주민들
 그들의 순진무구함과 진실된 마음을 왜, 무엇 때문에
 이토록 무참히 짓밟아 버렸었나?
 사람을 죽인 경찰을 처벌하라는 말
 진상규명하라고 외친 이토록 정당한 도민들의 부르짖음에 적반하장도 유분수거늘
 이런 패악질[8]이 도대체 해방된 이 땅에서 일어났다는 사실을

세상천지에 누가 믿겠는가?

아
2023년 4월 3일 오늘,
75년의 세월은 흘러 지금에 이르렀다
그러나
"'윤석열 정부는 정말 다르구나'라고 느낄 수 있도록 하겠다"라는 그 약속마저도
공수표 선물이 되고 그 윤석열은 지금 어디로 사라졌을까?
그에게는 프로야구 개막식이 중요하였고 대구 서문시장이 더 중요하였단 말인가?
대신 읽은 추념사에서마저도 당선자 때의 추념사와 똑같은 내용의 구두선만 되풀이된 채 특별법 개정이나 희생자와 유가족에 대한 구체적 지원방안의 언급마저도 일절 없었다.
오히려 가슴에 태극기와 '서북청년단' 표찰을 달고 행사장 난입을 시도하는
저 75년 전의 친일주구 후손들!
태극기를 모독하는 극우단체들의 4.3 왜곡 발언들!
제주 곳곳처처에 나부끼는 저 4.3 왜곡 현수막들!

아,
어지럽다
제주도민을 또다시 학살하는 짓거리를 백주대낮에 서슴없이 자행하고 있구나.

도대체 제주도민들의 상처를 75년 뒤 지금에도 후벼 파대는
 저 몰골들의 뇌구조는 어떠하며 도대체 어느 별에서 온 악마들일까?

 아
 레드 아일랜드 제주는 지금에도 유효한가?
 저 미쳐 날뛰는 자들의 활보의 의미는 무엇인가?
 75년 지난 지금에 보무도당당하게 출현하는
 저 숨겨진 뜻은 도대체 무엇인가?
 무엇을 의미하는가?
 무엇을 획득하려는가?
 무엇을 노리고 있는가?

 아 레드 아일랜드여!
 제주도여!

*1) 관덕정 광장에서 경찰의 발포로 젖먹이를 가슴에 안은 21살 여인과 농민 2명 초등생등 6명이 사망함.

*2) 조병옥 경찰국장은 살해당한 자들에 대한 주민들의 사과 요구를 거부하며 총으로 사람 죽인 것을 '정당방위'라고 하면서 묵살해 버림. 그는 제주는 사상적으로 문제가 많다며 "조선 건국에 저해된다면 싹 쓸어버릴 수도 있다"고 함. 또한 그는 "꿩 잡는 것이 매"라며 친일파를 앞세워 '빨갱이 사냥'에 열을 올림

*3) 미 군정청은 제주도를 '레드 아일랜드'라고 딱지를 붙여 '빨갱이 섬'으로 취급하였고 당시와 향후 이승만 정권이 수립되고 나서 까지도 그 '빨갱이 명분'을 가지고 어린이에서 유부녀, 노인에 이르기까지 대대적 학살을 자행하는 도구로 사용함.

*4) 당시 제주 경찰 총수는 1157명이었고 그중 친일경찰이 949명이나 되었음. 또한 경찰간부 82%가 친일파였음.

*5) 독립군 토벌에 앞장섰던 일본군 장교출신 송요찬이 9 연대장을 맡아 '초토화작전'(태워 죽이고, 굶겨 죽이고, 총칼로 살해해 죽임. 이 작전 때 70-80%가 사망함.)에 앞장섬. 그는 이승만정부 수립 후 육군참모총장, 국방부장관 그리고 그 후 총리까지 역임함.

*6) 스타우트는 미군정관으로 제주도사(당시 제주군수이나 그 뒤 제주가 도를 승격하였으니 도지사 격이나 같음)로 부임. 그 뒤 제주군이 제주도로 승격 이후 1대 도지사 박경훈(46년 8월~~) 2대 유해진(47년 4~48년 5월), 유해진은 미군보고서에 '극우주의자'로 표현

*7) 한반도 북쪽의 서북지역(평안도, 함경도) 출신들로서 이들은 해방이 기쁘지 않았던 자들이었음. 악질친일파들이 많았고 북쪽에서 친일청산이 강화되자 월남하여 1946년 11월 30일 서울에서 서북청년단을 결성함. 정치깡패, 백색테러를 자행한 극우테러 조직으로서 폭행, 강도, 살인, 고문등의 만행을 저지름. 백범 김구를 암살한 안두희도 이 조직의 정회원 출신임. 이들은 미군정청과 조병옥 경찰을 적극 도우며 오히려 자기들의 비행을 보호받기 위해 친일청산을 주장하는 사람들에게 '빨갱이' 딱지를 붙여 죽창과 총칼로 학살과 테러를 자행하며 경찰의 조력자가 됨. 그 후 이승만 정부가 수립되자 적극적으로 도우면서 가일층 극우적 행동을 일삼음. 이승만은 이들을 군대에 6,500명, 국립경찰에 1700명이나 넣음.

*8) 1948년 2만 5천~3만 명이 학살됨. 그러나 미국 트루만대통령에게 보고된 사망자는 6만 8천 명임. 제주 전 지역에 사망자가 없는 곳이 없었음. 심지어 가파도, 마라도까지 희생자 나옴. 또한 해외이주, 타 지역, 육지이송 후 사망자까지 17만 8천 명(당시 제주도민 32만 명)이라는 미군정과 미 방첩대(CIC) 보고도 있음. 희생자 78.1%가 특별대(군인+경찰+서북청년단)에 의해 학살됨. 그중 어린이, 여성, 노인이 33.2%나 됨

〈참고〉

제주 4.3
-1947년 3월 1일~1948년 4월 3일과 1954년 9월 21일(7년간)까지 제주도에서 발생한 무력충돌과 그 진압과정에서 주민들이 6.25 희생자 다음으로 대량 희생당한 사건임.
-미군정 이후 대통령이 된 이승만이 11월 제주도에 계엄령을 선포하여 49년 3월까지 약 4개월 동안 가장 혹독한 학살이 자행됨. 법적절차(심문, 재판도 없음)도 없이 이 기간 동안만 1만 5천 명이 학살된 것으로 추산함.
-그 후 이승만이 국민에 의해 쫓겨난 후 4.3 진상조사가 이뤄지는 듯하였음. 그러나 박정희쿠데타로 논의가 중단되어 버림.
-1980년 후반 민주화 이후 때 다시 논의 시작함. 그 후 1999년 12월 김대중 때 와서 비로소 특별법 국회통과하여 진상규명 본격화 됨.
-그 후 노무현 때 공식적으로 제주현장에서 대통령 자격으로 희생자들과 유족들 그리고 제주도민들에게 애도와 사과를 표함.

*제주 4.3 희생자유족회 양윤경 회장은 '사람들은 제주드를 아름다운 관광지로만 기억한다'면서 "안타깝다. 제주도는 천혜의 자연을 지닌 아름다운 섬이지만 그 풍광 뒤에 슬픔을 간직하고 있다. 아름답다고 하는 곳은 예외 없이 학살 터다. 가는 곳마다 4.3 유적지다. 제주의 풍광과 함께 4.3의 아픔도 기억해 줬으면 한다"라고 함.

베트남의 사랑노래

 1946~1954년 10년간의 전쟁, 그러나 베트남이 강국 프랑스를 물리쳤지
 1955년~1975년 20년간의 전쟁, 그러나 베트남이 초강대국 미국을 물리쳤어
 1979년 전쟁, 그러나 베트남은 역시 초강대국 중국을 물리쳤어

 가난한 나라,
 그러나 재금재금 행복하게 잘 사는 나라를
 배암 혓바닥 날름거리며 통으로 먹으려던
 돈 많고 무기 많고 차도 공장도 많은 소위 강대국들은
 저리도 힘없고 가진 것도 없는 베트남에 무참히도 깨어졌지

 거짓과 완력으로 날것인 채 잡아 챙기려는 저 탐욕덩어리는
 아가리가 찢어지고 숨통이 끊어져 버렸어

 그러니 들어봐라
 너희들 힘센 것들은 힘센 너희들 대로
 우리들 힘달가지 없는 우리는 우리대로 살아가면 돼.
 그냥 간섭 말고 살아가면 된다고
 제발 남의 것 넘보지 말고
 각자가 행복누리며 살아가자

과식 말고 탐욕 부리지 말고
제발 제발 그렇게 하자

그렇게만 하면,
서로서로 전쟁할 일 없고
불태우고 죽일 일 없고
미워할 일 없고
강도질할 일 없고
니것 니대로 내 것 내대로 살아가는 거야
그러면 될 것을 아무 탈도 없을 것을
그러게 하면 웃음꽃 만발할 것을

그러면 그러면
평화 세상은 저절로 오는 거야

제발 제발 그렇게 서로 사랑하며 살아가자고

촛불 하나 켜 들고

진실은 거리를 헤매고
촛불은 흐르고 흘러
환한 강물을 이룹니다
여기
광화문 거리에 서면
진실을 찾을 수 있을 것 같아
난
오늘밤에도 무언가에 홀린 듯
그곳을 향합니다

어묵 두 개로 저녁을 때우고
가냘픈 촛불 하나 켜 들면
별이 이곳에 와
달이 이곳에 와
진실 하나하나 구슬 묶음으로
어둠을 감쌉니다

당신으로 인해
우리가 슬퍼져야 합니까
당신으로 인해
진실이 죽어야 합니까
당신으로 인해
당신으로 인해
또다시 다가온 겨울공화국의 혹한을

어찌하라는 겁니까

'바르게 살라'
'거짓말 말라'
'위장전입 말라'
'위장취업 말라'
'탈세하지 말라'
'끝까지 우기다가 들통나면
그때 가서 미안하다고 해라'

차가운 밤공기 볼에 닿으면
그 감촉만큼 이나 진실은 싸늘히
거리에 팽개쳐 진채
어둠의 거리에 말뚝처럼 고개 숙이고
우두커니 서있습니다

*2007.12.13. 비비케이 규탄 광화문 촛불집회에서

압록강에서

압록강 월량도에서 하루를 날밤으로 새고
신의주 보러 단숨에 달린다
'항미원조출정지'는 북녘땅을 향하고
압록강철교는 정확히 한 복판이 두 동강 난 채
'미군기에 의해 끊어진 다리'라 쓰여있다
'압록강단교'옆은 새로 놓인 철교가 나란히 하고
' 조중우의교'를 통해 기차는 달린다.
북중교역의 80-90%가 이 철교에 명을 걸고 있구나

압록강 하류엔 세계 3대 규모 수풍댐과
이성계가 회군한 위화도가 있고
강 속의 가장 큰 육지 황금평이 뚫려
자유무역지대로 된다면 북녘 형제들이 조금은 윤택해지려나

나는 배를 타고 압록강 깊숙이 들어간다
마치 못 볼 것을 훔쳐보는 양 마음 졸여 숨죽이며 간다
건너 신의주는 말이 없고 그저 무겁기만 하다
연기 한 가닥 없는 저 굴뚝은 뭘까?
저 건축물은?
엉성하고 작은 저 배는?
저 둥근달 같은 건물은 또 뭘까?

압록강은 흐르고
신의주는 침묵으로 앉아있고

나 또한 침묵에 몸을 맡긴다.
흐르는 것은 오직 황톳빛 강물과
어쩌다 날아가는 이름 모를 새들뿐이건만
형제들이여 안녕들 하신가?
메아리 없는 빈 인사를 허공으로 보낸다.

'일보과'一步跨요 '지척'只呎이라
한 발짝만 옮기면 북녘땅
그래서 일보과인가?
북녘이 코앞이고 경계선이건만
몇 겹의 철조망이 놓인 채
둘로 갈라져 지척이 천리 만리길이구나

코앞 숲에서는 인기척이 들린다
수재 복구로 인한 삽소리가 둔탁하게 들리고
누렇게 바랜 속옷과 장비들은
사람보다 먼저 지쳐 제 구실도 못하고 있다.
그마저 사람조차 그저 어슬렁어슬렁
힘겨운 육신을 염천에 맡겨 놓고 있다.

극심하구나
단번에 알 수 있는 상황이다
멀찍이 수재민 천막이 보이지만
사람의 생사를 가늠치 못할

적막감만이 흐르고 있을 뿐이다.
아무런 움직임 없는 저곳
생사여부도 도저히 알 길 없는
아픔만이 나를 둘러치고 있다.

나는 이곳에서 호기심 삼아
또 다른 모국을 보고 있으니
죄인 아닌 죄인이 된 채
머물고픈 마음만 여기에 두고
발길을 돌린다

아
황톳빛 압록강은 침묵으로 흐르고
건너 신의주 또한 망울져 한 되어 남은 채
내 시야에서 점점 멀어져 가고 있구나.

솔롱고스 나의 누이여

아
솔롱고스*여
무지개여
색동치마저고리여

오랏줄에 묶여
짚신 터져 삐져나온 발가락
진물만 버걱거린 채
가도 가도 끝이 없는 이 길을 가네

사랑하는 부모님도 형제자매도
뒹굴며 뛰어놀던
동무들 다 뒤로 하고
하염없이 하염없이 이 길을 가네

고국은 없네
그 어디에도 없네
저 솔롱고스 너머에도
저 사막 끝에도
저 하늘 별들에도
하염없는 눈물만 있네

짐승의 울부짖는 소리와
염천 간고등어 같은 더위와

찢긴 살점 뜯어먹는 저 추위만 있을 뿐이네

어머니
지난밤에 찾아오신 어머니
어머니의 눈물이 저의 온몸에 흘러내렸어요
어머니는 고향마을 어귀가 보이는 곳으로 나를
데리고 갔어요
아가야
절대 고향을 잊지 말거라
너 동생과 너 부모 그리고
웃으며 뛰놀던 뒷동산을 잊지 말거라

그런데 어머니
힘이 없어요
배가 고파요
고향마을은 희미하게 멀어져만 가요

나라 잊지 마라
엄마 아버지 잊지 마라
다시 와야 하느니라
거듭 되는 부모님 말씀 흐려져 가고
색동치마저고리도 해어져가고
눈물마저 해어져 버린 채
조선 처녀들 노예 행렬만이 끝 간 데 없네

나는 지금 이 길을 가고 있네
솔롱고스 무지개 색동옷 입고
조선누이 앞장서 가고 있는 이 길을
나는 걸어가고 있네.
수 백 년 전 죽음을 등에 지고
절뚝거리며 가던 우리 누이 노예의 길 따라
하염없이 하염없이
걸어가고 있네

*솔롱고스 - 몽골어로 무지개를 의미함.
*1636년 병자호란때 잡혀간 조선인 60여만명 중 30만명이 여자들이었고 이들은 노예나 성노리개가 되었다. 천신만고 끝에 고국을 돌아온 환향녀들은 그 당시 사회가 받아 주지도 않하였다. 이때 어머니가 끌려갔던 딸들에게 색동저고리를 입혀 보내며 안녕을 기원하였었는데 몽골에서 이 색동옷이 무지개와 닮아 몽골어인 솔롱고스라고 불렀다. 가슴 아픈 사연이다 . 지금은 원래와 달리 몽골에서 한국을 두고 꿈과 동경의 '솔롱고스의 나라'라고 불리어 지고 있다.

제2부

나는 누구인가

희망과 허망 사이

새벽 5시
토닥토닥 가녀린 빗소리가 어딘가로 나를 이끌고 있다
희멀건 하늘과 그 아래 나지막한 동산의 윤곽들이 눈에 잡힌다
누군가가 나에게로 다가온다
동산을 가로질러 홀로 서 있는 나의 창문 앞으로....

평생 동안 누군가를 기다린다는 것
그리움 앞에 인생은 피할 수 없는 그 무엇을 가지고 있는 것인가
기다린다는 게 이렇게 가슴 벅찬 것일까
기다린다는 게 또한 이렇게 허망한 것일까

희망과 허망 사이
하늘 끝과 땅 끝 같은 거리감
그러나
결국 희망과 허망은 같은 뜻이 아닐까

누군가를 그리워한다는 것
오지도 않는 누군가를 가슴에 품는 것

동산과 동산을 갈라놓은 저 아스팔트길
그러나
그 길 위엔 아무도 없다

누군가를 기다린다는 것은 희망 없는 아스팔트에 눈을 박고
도저히 건너지 못할 것 같은 3.8선을 건너는 것이다

희망과 허망 사이에서
난, 오늘도 서성이고 있다

남은 삶도 이 물음을 풀지 못 한 채
희망과 허망 사이에서
속수무책으로 맡겨 놓아야 할 것인가

잔잔한 비가 점점 굵어지고 있다
아스팔트길도
동산도
동산 너머 강물도
넘치고 넘쳐 제 갈 길도 모른 채 흘러갈 것이다

그렇다
인생은 결국 그리움의 홍수에 빠져 허우적거리다가
그렇게 그렇게 하늘 같은 바다에 풍덩 빠져
두둥실 흘러가는 것이다

난, 지금

창문 너머 점점 또렷해져 오는 숲들과
갈수록 굵어져 가는 빗소리 사이에서
희망과 허망을 보고 있는 것이다

*2008.6.21. 새벽. 〈새길동산〉 숙소에서

나 그리고 또 다른 나

나는 여기 앉아 있는 데
또 다른 나인 그는 집을 나갔다

'내가 여기 있다'고 소리쳐 보지만
그는 꿈쩍도 아니하고 콧방귀만 뀐다

'네 이놈, 옴싹도 말고 가시덤불 불속에 더 앉아 있거라'
또 다른 내가 나를 크게 꾸짖고는
더 멀리 떠나간다

나는 그가 돌아올 때까지
이 벤치를 지켜야 한다

그런데
내가 이 벤치를 지키고 있는 게 아니라
그가 이 시간에도 나를 지키고 있다

내가 돌아와 제자리에 바로 설 때까지
그는 결코 돌아오지 않을 것이다

언제쯤이 돼야 나는 그에게 꽃 한 송이 건네며
가슴 깊이 껴안길 수 있을까

추억의 곤천내*에 서면

사십 년 만에 찾아온 곤천내
꿈과 낭만은 비석이 되어 남아있는데
곤천내는 찌든 삶
죄다 내려놓고 가라고 한다

모래 속 실뱀장어 어디에도 없고
지천으로 널려있던 다슬기도 없다
쭈쭈바 새우깡 빈껍데기에
이리저리 나뒹굴고 있는 수많은 페트병들……

그래도 너는 피라미도 키우고 굵직한 누치도 키우고
아기자기한 자갈들도 보듬고 있으며
그래도 너는 죽을힘 다 쏟아 여기까지 왔구나
곤천내 나의 꿈 보듬고 있구나

저 모퉁이 돌면 칠북 가동마을
술에 빠져 먼저 간 방수 놈 생각나고
물에 빠져 먼저 간 신기마을 창기 놈도 생각난다

칠서 습지 곳곳 붕어 낚시 땡볕에
홍시 되어 돌아오던 휘문이 그 길도 저만치 있는데

온갖 수초 왕잠자리

그 아름답던 습지는 온데간데없고
사각 삼각 컨테이너 박스 밑에 누워
신음만 하고 있다

곤천내
그 한가운데 서 있노라면
어머니 품속 되어 모든 것 다 내어 주는데
죽어라 죽어라고 그 어머니 가슴팍 헤집고
갈기갈기 파먹고만 있었구나

모레 속 실뱀장어 곰실곰실 숨어있고
해질 무렵 다슬기가 촉수 세워 마실 나오던 곳

나는 언제 다시 이곳에 올 수 있을까
내 마음 꿈결같이 흘러 흘러
추억의 내음 가득한 고향의 곤천내여

2007년 8월 25일

*시인의 모교인 경남 함안군 칠원 중학교 부근의 냇가. 시인이 소년시절 벗들과 즐겨 찾던 곳이다

그리움, 겨울여행

익숙한 서울역
막 출발한 레일 위에
몸을 맡긴다
꼼짝 마 그대
추억이 간단치 않다

   *

기타를 울러 메고
동해선 완행열차를 휘젓고 다녔었지
추억이 거기쯤에 머물러 있는지
연이어 옷 벗은 들판을 훑고 있다

   *

이쯤에서 오줌 한 발 누면
뚜르르 그대 눈물이 가슴을 적신다
이대로가 좋다면
오늘 밤 빈들에서 그댈 만나리

   *

빌어먹을
이렇게 빨리 눈 뜨게 될 줄이야

다음엔 느릿한 완행열차를 타야겠다
바다나 강에서 그대를 만나면
더 황홀하겠다 싶다

     *

느릿한 졸음이 견디기 어렵다
그댈 놓친 후
나에게 남는 건 가혹한 추억뿐이다
꿀맛의 졸음도 추억을 이기지 못한다

     *

부산에 왔다
꽁꽁 숨어있는 너를 찾고 싶다
추억은 간단치 않고
그리움은 가혹하다

     *

저 강을 건너
방게 집 갈대밭 어귀쯤에
너는 엎드려 있을까

*

상경길,
철길 위로 추억이 지나쳐 가고
나는 또다시 그댈 찾아
서울역에 올 것이다.

나는 변절자입니다

너는 그 푸른 마음에 칼질을 하였지?
너는 그 파아란 꿈을 어딘가에 팔아먹었지?
너는 하늘 끝 세우려던 올바름을 애써 외면해 버렸지?
너는 깨어있는 자들이 광화문 땡볕에 앉아 독재타도를 외칠 때
슬쩍 그 자리를 피하여 갔었지?
너는 세월호 가족들의 아픔을 못 본 척 얼굴을 돌렸지?
너는 빨갱이 장사치들 향해 호된 꾸지람 한마디 못 하였지?
너는 너의 모태신앙 자랑하며 신앙심 없다고 남을 정죄하였지?
너는 양의 탈을 쓴 엉터리 목사들을 보고도 회초리 한 번 못 들었지?
너는 극우 극좌 양극의 춤판데기를 보고도 호통 한 번 못 쳤었지?
너는 철탑 위 생존을 울부짖는 노동자를 보며 얼굴을 숨기고 갔었지?
너는 네가 쓴 시와 네가 작곡한 여러 곡들로 작가랍시고 우쭐 댔었지?
너는 서정과 순수시를 핑계로 사회악에 항거하는 시 하나 쓰지 안 했지?
너는 가난하고 빽 없는 이웃에게 냉정하게 외면했지?
너는 동료들이 장차관 되고 의원 될 때 부러워 침을 흘렸었지?

너는 최고권력자의 자리제의를 왜 받지 안 하였을까 이제야 후회하고 있지?

너는 보장된 의원자리 마다한 것 이제야 후회하고 있지?

너는 변절 대가로 호의호식하는 동료들 보고 부러워했었지?

너는 보잘것없는 기득권 뺏길까 남녘 북녘 평화를 원치 않고 있지?

너는 겉 멋에 겨워 거드름 피우며 뭣이 된 양 뭣인 양 으시 댔었지?

너는 파렴치범이지?

너는 정치꾼이지?

너는 장사치지?

너는 사이비 크리스천이지?

너는 사이비 민주 파숫꾼이지?

너는 사이비 시민운동가지?

너는 사이비 정의파지?

너는 사이비 평화주의자지?

너는 지금도 그렇지?

나는 변절자인가?
그렇다
나는 변절자다
나는 변절자인가?
그렇다

나는 나의 단심을 꺾었다
나의 행로는 나의 이력
나는 거울에 비친 나를 보니
틀림없는 변절자다.
나는, 나는----

그래도 희망입니다

비릿한 갯바람 냄새와
경매인들의 언어들로 첫새벽을 여는 부두는
언제나 퍼얼쩍
나에게 희망을 안겨 줍니다

그러나 또다시
배 떠난 부두처럼
그대는 이곳을 떠나가고
고요만이 나를 에워 쌓습니다

난 결코 포기하지 않습니다
또 언젠가는 그대가 숱한 그리움을 안고
이 부두에 정착하리라 믿기 때문입니다

난,
나의 살아있는 눈부신 비늘들을
그대에게 드리고 싶습니다

아, 벌써
태양이 나의 비늘을 간지럽히며
님의 발걸음을 재촉하고 있습니다

님 발자국,
아직은 고요하나

언젠가 오실 님 생각에
머리부터 발끝까지 나는 살아있어야 합니다

난,
쇠막대기로 바다 끝, 그 심연을 향한 채
내 작은 몸뚱어리 부두 되어 남아있겠습니다.

나는 죄인입니다.
- 어버이날, 하늘 어머니께 보내는 편지

 38년 만에 그리고 40년 만에 두 번째 무죄선고를 받고 보니 당신 얼굴 제일 먼저 찾아옵니다. 자식새끼 빨갱이라 도배질할 때 역적의 애미 하늘 향해 고개 못 들고 땅 꺼져라 한숨만 쉬시던 당신, 시간이 조금씩 흘러 귀동냥 이것저것 진실을 찾고는 '내 아들 빨갱이 몰아치는 니놈들이 빨갱이다' 투사되시어 거리를 나선 당신, 모든 삶 뒤로 한 채 불효 새끼만 가슴속 가득 담고 가냘픈 몸 바람 되시어 집 밖을 사셨지요. 철조망 높은 망루가 자식인 양 오고 가신 숨 가쁜 발자국, 그 숫자를 어떻게 다 샘 하겠습니까. 저보다 더 젊었을 당신의 모습 지금에 보니 어느 바다인들 어느 하늘인들 당신 가슴 같겠습니까. 장가 간 새끼 2년째 손주가 없자 '그때 그 무지한 고문으로 씨가 말랐을까' 노심초사 연이은 걱정, 이래나 저래나 자식 위한 심려는 숯검댕이 가슴만 남았건만 ' 사랑합니다 ' 말 한마디 못 드리고 끝내 하늘로 보낸 나는 불효 중 불효요 몹쓸 놈 중 몹쓸 놈임을 오늘 또다시 알게 되니 한스럽고 후회스러운 맘만 가득합니다. 저는 명절이 오면 또다시 당신에게 가겠지만 그것으로 모든 것 면죄받으려는 얄팍한 나의 심사가 싫고도 싫습니다. 그러나 어머니, 40년 지난 지금 그래도 당신께 드릴 선물은 당신의 가슴을 후벼 팠던 자식의 몸부림이 그래도 옳았고 그래도 정의로웠고 그래도 나라를 위하였다는 그 징표를 당신께 드릴 수 있게 되었습니다. 다시 찾게 되는 당신 앞에 아주 조금은 발걸음 빨라질 것 같습니다. 어제, 오늘, 그리고 며칠 전, 신문 1면 톱기사로, 여러 방송국 인터뷰로 이어졌지만 무거운 저의 맘은 그대로입니다. 아직 이 땅엔 유신 잔재와 적폐가 쌓여있어 가당찮은 주장들이 활개치고 있고 남과 북에 평화는 멀기만 한 듯 까마득합니다. 언젠가 오고야 말 이 땅에 평화꽃 활짝 피게 되면 당신 등에 업고 제주도로 대동강으로 금강산으로 소풍 모시겠습니다. 저 초등 3년 때 없는 살림 사이다와 오징어 반 마리로 소풍 보내주셨던 당신 생각하며 이제 제가 당신 모시고 소풍놀이 가겠습니다. 어머니, 이 글을 올리고 있는 어제도 지금도 언제까지나 죄인일 뿐입니다. 아! 성동경찰서에서 군검찰로 온몸에 오랏줄 꽁꽁 묶여 넘어갈 때 사라지는 호송차 뒤에 넋 잃고 서 계시던 당신 모습이 몸서리치도록 그립습니다. 그때나 지금이나 이 죄인은 죽어 마땅한 불효막심 자식새끼일 뿐입니다. 어머니. 보고픈 어머니 -----

천국 가는 길

저 높은 예배당에 메리크리스마스
저 낮은 골목에 한 사나이 웅크리고 있네

　　　*

천국은
서울역 노숙자 속에
하루벌이 일용직노동자 속에
굶주린 북녘 형제 속에
그러나 나의 영혼은
자꾸만 나를 다른 곳으로 끌고 가려합니다
어쩌면 나는 천국 가는 길을 영원히 잃어버릴지도 모릅니다

　　　*

욕심대로 빵을 먹어치운다면
결코 하늘나라에 갈 수 없습니다
우리의 존재가치는
언제나 나의 반쪽인 또 다른 나에게
고스란히 내어 놓을 때입니다

천국길이 빤히 보입니다
그러나
난

아직도
그곳을 향해 출발조차 못하고 있습니다

  *

왜 그다지도 총총걸음을 하십니까
돈입니까
명예입니까
아니면 또 다른 그 무엇입니까
콧노래 부르며 제발 천천히 걸어가십시오

  *

오늘도
나는
찬송 열심히
설교 열심히
헌금 열심히 하였습니다
그러나
2000년 전 유대 땅 한 사나이가 나에게 말했습니다
'어림 반푼어치도 없느니라'
나는 아직 천국 문턱도 다다르지 못했습니다

  *

자기 합리화로 일관되게 살고 있으면서
내 속에 무슨 선함이 있겠습니까
탐욕은 많으나 나눔은 없고
분노는 높으나 용서는 없고
슬픈 이웃은 많으나 눈물은 없고

    *

나의 인격의 길이는 일 센티미터도 못 됩니다
천국 가는 길이 까마득하여 보이지도 않습니다

    *

조그마한 나의 지식으로 이웃을 평가하였습니다
천국 가는 길이 멀어져 가고 있습니다

    *

놈놈놈
아직도 미워 죽겠는 놈이 여기저기 있습니다
용서한다는 게
정말
장난 아닙니다

나는 아직 성숙하지 못하였습니다

   *

나사렛 예수가 말합니다
'붕어빵 속에 붕어 없고
교회 속에 내가 없고
너 속에도 나 없다 '
아
나는
천국 길을 포기해야 될 것 같습니다

나는 때로 섬이 됩니다

 바로 코 앞도 보이지 않은 채 안개가 지천에 깔려 내 몸은 온통 젖어있습니다. 무엇 때문에 나는 신새벽 뚝방에 왔는지 모를 일입니다. 지난밤 내내 열병처럼 뜨거워진 나의 맘이 그 이유라면 이유가 될까요. 사방은 죽음같이 고요하고, 난, 오카방고 깊은 늪 속에 푸욱 빠져 홀로 보이지도 않는 길을 향해 앞으로만 앞으로만 걸어가고 있습니다. 나를 이곳까지 끌고 온 게 도대체 무얼까 그저 신기할 뿐입니다. 아, 안개가 그치고 있습니다. 뚝방 위도 뚝방 아래도 뚝방 밑 강물도 저 건너 마을도 돌아오는 발걸음 위에도 안개는 서서히 걷히고 있습니다. 드디어 모든 사물들이 희미하게나마 보이기 시작합니다. 그때서야 나는 알았습니다. 그 어디에도 그 어느 곳에도 나 외는 아무것도 없다는 것을, 노오란 꽃 뚝방 뒤덮는 봄날에도, 물안개 지천에 깔리는 한여름날에도, 기러기 울고 코스모스 흐드러지게 피는 가을날에도, 모두가 떠나고 없는 저 빈 들판 그 겨울의 한복판에 서서라도, 나 혼자 걸어가야 한다는 것을--

내 젊은 날의 꿈

1
내 젊은 날
오지게도 내 몸 갉아 먹히고 부서져 내린
나의 육체 있었노라

민주쟁취의 대가도, 군사독재타도에의 대가도,
아,
그리고
꿈에도 못 잊을
조국통일의 대가도
그다지도 크고 장대한 꿈인 줄 내 미처 몰랐노라

건빵 부스러기 물에 불려 눈물로 들이키고
갈치기름댓국, 그 뜨거운 열로 입천장 벗겨내며
위로 아래로 쏟아내던 진한 허기 있었노라

초점 잃은 눈빛의 어머니가
창살 밖 넋 잃고 응시할 때
나는
고개를 저었노라
부르르 부르르
움켜쥔 창살도 나와 같이 떨었노라

깜깜 흑방,

적막한 공포만이 살아있던 그곳에
저벅저벅 다가오는 저 지옥의 워커 소리!
수 만개의 머리털이 바늘로 꽂히고
손톱 밑이 쩌억 쩌억
반평 방안 가득 피냄새로 채워질 때
난 죽었었지,
살았으나 죽었고, 죽었으니 죽었고,
죽음은 수시로 찾아와 협상 테이블에 앉자 하고
나의 몸도 영혼도 담보 잡힌 채
수십 번의 죽음을 맛보았노라
그 죽음만 살아
날 보고 시시덕 비웃고 있었노라

군사법정 육군대장에게 삿대질하며
'당신은 역사의 죄인'이라 일갈하던 나의 포효도 있었고 전두환의 자리 제의에 침 뱉어 능멸하던 멸시도 있었노라

내 사랑하던 소녀가 그리웠노라
팽개쳐놓은 내 사랑 이제야 다가오고
날 떠날까 밤새워 계산해 보면서
이기적 욕심에 사로잡혀도 봤노라

예수가 새 모습으로 내게 왔노라
예수 팔아 자기 배 채우는 '회칠한 무덤'이 많은 곳에서 예

수 따름이로 살아간다는 것이 어떤 것일까 날밤 세워 고민하였노라
  무당예수, 푸닥거리 복타령 예수는 가고
  '이웃을 내 몸같이'
  참인간 하나님의 아들,
  그 예수가 내게 왔노라

  2
  망국의 길 지역감정 부수러
  팔자에 없는 정치판 갔다가
  졸지에 전라도 놈 되고
  졸지에 빨갱이 놈도 되고
  졸지에 졸지에 미친놈 되었노라
  경상도 놈이 경상도에서 경상도의 이방인이 되었고
  경상도 놈이 경상도에서 쫓겨나 외딴섬이 되었노라
  망국의 길 지역감정 악 받쳐 두 주먹 들었다가
  미치광이 돈키호테 되어 조롱거리로 남았노라

  국가는 내게 민주화운동 상이자 인정서를 주고
  국가는 내게 민주화운동 기여자 인정서를 연거푸 주었지만
  비 만 오면 틀림없이 저려오는 이 놈의 몸뚱이는
  훈장인지 욕인지
  우습고 우스워라

아
야속타
님 같은 님 만나 세상 한 번 바꿔보자 하였으나
어깨춤도 잠시
그 님마저 바람으로 떠나고
못다 흘린 눈물만 남았노라

그날은 갔으나
그 길은 남아
젊은 날은 갔으나
열정은 남아
소리 없이 부는 바람으로
장대한 꿈들의 씨가
여기저기 들풀처럼 자라나는 꿈
또 꾸고 있노라

3
아
조국이 통일되면
내 젊은 날,
그 치열했던 나의 몸뚱어리 열병이 내리고
어데 쉴 곳 있을까
아니
꿈도 이루어지기 전

한쪽으로만 기울어지는 남녘 북녘이
욕처럼 살아남은 목숨마저 도둑질해 가는 것은 아닐까

나는 지금 내 젊은 날을 회상하지만
결코 그럴 수 없노라
동지는 가고 철학도 가고 혈기 또한 가니
내 서둘러 주먹을 쥐어야겠노라.
보란 듯이 저 헛것들의 심장에 돛을 달고
휘휘 돌리고 또 돌려 노를 저어 가야지

오
순수여
민주여
조국이여
나의 지조여 철학이여
그래도 욕처럼 살아남은 목숨
옆길은 없다
명예도 없다
부도 없다
영광도 없다

기회 잡은 제국들은
우리 마당에서 으르렁 거리고
우리끼리 총질하는

이 빌어먹을 놈의 현실 앞에
밤잠 설쳐대는 불면만 남았노라

젊은 날의 내 분노가
예서 깡그리 강도당하겠거늘
명예도 없다
영광도 없다
맨 몸뚱이 광야를 나서야겠노라

우리가 죄인입니다

피지 못한 꽃

어디에도 너희들 쉴 곳 없구나
바다에도 뭍에도
교실에도
저 푸른 운동장에도

너희들은 그저 노리개일 뿐
이 세상의 소모품
입시 경쟁 속 조금의 쉼 마저 허용치 않는
이 야박한 세상
어디 쉴 곳 있으랴

꽃잎, 꽃바람
여기도 꽃, 저기도 꽃
꽃 만발한 이 좋은 봄날에
아이야
어디서 피지 못한 꽃 되어 스러져가느냐

삼풍백화점 붕괴도, 성수대교 붕괴도
서해 페리호 침몰도, 대구지하철 참사도
구제역 300만 가축의 살처분도
잊어버린 이 나라
원자력사고가 발 밑에 있어도
덤덤한 이 나라
무너지고 깨어져버린 국가위기관리 시스템 속에

몽우리만 맺은 채 가고야 말 우리의 꽃들아

초동 대응 때부터 너희들은 없었다. 없었다.
어른들의 우왕좌왕 속에
하나하나 스러져간 꽃들아
더러는 눈 뜬 채
더러는 손톱자국 남긴 채
더러는 벗을 부둥켜안은 채
더러는 더러는
아, 차마 잊지 못할 엄마 엄마를 목놓아 부르다가
그렇게 그렇게 스러져 갔구나
피지도 못한 꽃들아

어디 하늘의 죄일까
어디 너희들 죄일까
지지리도 못난 우리 어른들의 죄
국가적 재난 상황의 끝은 어디런가
위기관리능력 없음은 언제 까지런가
대통령의전 위해 3시간의 구조를 중단하고
국민보다 대통령이 무서워 모든 것 은폐하는 이놈의 공직자들을 꾸짖어다오
'내가 이 자리 왔노라' 홍보에 열 올리는 정치하는 쌍것들을 꾸짖어다오
갈팡질팡하는 이 당국의 수습주체를 꾸짖어다오

안전행정부는 어디로 가고 안전망각부만 있는 이 부실 정부를 꾸짖어다오
 실종과 생존까지 바꾸며 희망을 절망으로 갈아치우는 어른들은 꾸짖어다오
 해양경찰, 해군. 안전행정부, 해양수산부, 소방청 모두 제각각 책임을 떠넘기고 공로만 차지하려는 저들을 꾸짖어다오.
 재난안전관리 수준이 바닥인 이 나라를 꾸짖어다오
 기본적인 탑승자도, 구조자도, 사망자와 실종자 숫자도 파악 못하는 우리를 꾸짖어다오
 돈벌이에 급급하여 너희들을 팔아치우는 선박회사도, 감독하는 선박협회도, 해운사도 꾸짖어다오

 지금 이 시간
 어린 예수들이 검고 차가운 물속 십자가에 달려 죽어가고 있다
 우리가 저 뭍 어린 꽃들을 십자가에 묶었고
 우리가 급기야 십자가 형틀에 못질을 하였다.
 피지도 못한 채 스러져간 꽃들이여
 하늘나라에서나마 피어라

 피지도 못한 꽃들이여
 그대들 흰 손으로 차라리 우릴 인도하라
 그대들 초롱한 눈동자에 우리들 교만을 담고 가라

그대들 아장대는 순백의 발걸음에 우리를 동행케 하라
오
저 멀리 푸른 솔밭사이로
그대들 흰 손 흔들며
피안의 그곳에서 꽃망울 터트려라
피워낸 꽃 화알짝
미소로 가득하라

그러나 그러나 차마 하고픈 말
너희들은 결단코 침몰하지 않았어
침몰한 건 당국의 신뢰이고
우리 기성세대의 무관심과 불감증이고
제 것만 챙기는 우리 어른들의 침몰이 있을 뿐이야

그럼 그렇고말고
반드시 살아있기를
제발 살아있기를
아니 아니
반드시 살아서 보란 듯 우리 앞에 서기를
그리하여
이 지지리도 못난 어른들의 나태와 무관심과 원칙 없음에 보란 듯이 꾸짖어 주기를

그래 그래

우린 우리 모두의 집 앞 참나무 둥글에
수 만개의 노오란 손수건을 걸고
밤새워 기다릴게

활짝 피어서 해맑은 미소로 이 땅 너의 사랑하는 엄마 아빠께 달려오렴
어깨동무 벗들에게로 뛰어 오렴

아
차마 꿈속에라도 말 못 할
피지 못한 꽃들이여!

*세월호 참사 학생들을 추모하며

마지막 꽃들이 오고 있다
 - 그녀가 내려가니 꽃들이 올라왔다

 아
 시퍼런 바닷물과 뱃속 짐들로 터질 듯 배를 불린 세월호가 떠 오른다.
 2014년 4월 16일, 그리고 2017년 3월 20일
 1천73일 만에 꽃들이 오고 있다
 그렇게 오매불망 그리던 우리 곁으로
 그녀가 가고 나니 꽃들이 오고 있다!
 아
 꽃들은 일만 톤 17만 명의 무게에 짓눌러
 뼈가 으스러지고 살이 뜯겨 나 간 채
 그래도 어깨 걸고 우리 곁으로 오고 있다.

7시간의 얼굴 가꾸기와
7시간의 검찰조서 살피기
이토록 신중하고
이토록 꼼꼼한 그녀를 뒤로하고
지금껏 내 팽개쳐진 세월호가 지금에야
우리 곁으로 오고 있다!

나라는 어디로 갔을까
대통령은 어디로 갔을까
그 모든 구조장비는 어디에 갔다가 이제야 나타난 것일까
그녀가 끌려 나오니

이토록 빨리 우리 곁에 오는 것을---

국민과의 숱한 약속 모두 내 팽개치고
국정농단 그 많은 죄목에도 보란 듯
여유 부리던 그녀가
이제는 수사기록을 7시간 보고 또 고치는 여유
치 떨리는 그녀의 완벽함 뒤로
그 수많은 꽃들의 생명이
그 수많은 가족들의 울부짖음이
그 수많은 국민들의 안타까움이
괴기스러운 미소와 함께
농락당하고 있었어

아
꽃들이 오고 있는데
마지막 꽃들이 오는데
무슨 염치로 저 꽃들을 맞을까
무슨 낯짝으로 가족들을 대할까
우리의 탐욕과
우리의 거짓과
우리의 술수들로
저 꽃들을 꺾었는데
무슨 염치로 저들을 맞이할까
자본과 권력의 위세에 눌려

모든 것이 소모품화 되어버린 이 사회에
저 꽃들을 어떻게 맞을까

이제
마지막 아홉 꽃송이여
여기에 희망으로 돌아오시라
그녀가 쫓겨난 그 자리에
못다 한 진상규명의 꽃으로 피어나시라
돈보다 생명이
권력보다 국민 안위가 우선임을 시리도록 깨우치는
스승으로 오시라
국민이 대통령임을 선포하는 새날로 오시라

아
이 아침
그녀가 가고 나니
꽃들이 오고 있다

*2017년 3월 3일 아침, 1만 톤(17만 명 해당) 무게의 세월호가 인양되고 있는 장면을 보고.

오, 베트남!

1
느이치엔탕* 베트남

우린 총알을 줬으나
저들은 파파야를 따 주었네

우린 전쟁을 일으켰으나
저들은 평화를 주었네

지금에 사과하고 배상하려 하였으나
저들은 '괜찮다'라고 하네

결국,
우린 패배자가 되었고
저들은 승리자가 되었네

*'승리자'라는 베트남어

2
탄텃신노이* 베트남

우리는 유아와 노인을 학살하고 마을을 불사르며
부녀자를 능욕하고는 구덩이에 묻었네

고귀한 생명은 한갓 노리개가 되었고
심심풀이 술안주가 되었네

빈호아마을 61명도
퐁니 퐁넛 74명도
하미마을 135명도
미라이마을 504명도
수류탄과 총과 유탄발사기로
콩 볶듯 살인 잔치 벌였네

'아침에 빵 준다'하여 손 맞잡고 갔으나
두 시간 만에 빵 대신 총알과 수류탄을 주었네
잘려나간 젖가슴 20살 처녀는
쏟는 핏덩이 부여 안고 떠나갔네
한 살도 채 안된 짠티안, 쩐반안, 응우엔딘디오, 도안테민은
살아있으면 지금 56살,
또 무슨 죄 있어 피우지 못한 꽃이 되었을까?

차마 할 수 도 없는 말

미안해요 베트남
죄송해요 베트남

*'미안해요'라는 베트남어

3
안유엠* 베트남

'안 유 엠 베트남'

어떻게 미안하다는 말을?
어떻게 사랑한다는 말을?

차마 내지 못할 말이지만
말하고 싶어요

용서해요
용서해 주세요

그 죄 만 분의 일이라도 갚을게요

평화를 노래할게요
평화를 춤출게요
저 맑은 하늘높이 손잡고 가요

그 맞잡은 손으로
저 악랄한 힘센 것들의 전쟁놀이 몰아내고
생명꽃 살려내요
평화꽃 피워내요

사랑합니다 베트남!

*'사랑한다 '는 베트남어

죄짐 더 짊어지고저

무더운 여름과 태풍, 그리고 빗속을 가르며
우리가 여기 온 것은
우리들 죄 짐 벗고자 함이 아닙니다
그 짐 더 무겁게 지고자 머리 숙여 왔습니다.

탐욕에 찌든 우리 어른들의 죄
그 물욕에 스러져 간 저 아이들
아직도 시커먼 저 바닷속

지난겨울부터 얼음 십자가에 달린 채
죽어간 저 꽃들이
지금에 살아온다 하여도
우리의 죄는 선명하게 남아있습니다

아
게걸스러운 목구멍과
실 눈 뜬 어른들의 탐욕은 지금에도 끝없건만
아홉 송이 꽃들은
서로를 부둥켜안은 채
우리를 부르고 있습니다.

우리가 지금 팽목항에 선 것은
무릎 꿇고 용서 구하고자 함이 아닙니다
그 죄 더욱 선명하게 간직하기 위함입니다.

*2015년 7월 14일. 팽목항 방문 때. 아직도 우리 곁에 으지 못하고 있는 아홉 송이 꽃들을 생각하며 낭독함.

함안보 애가

1.
징소리 징징징
북소리 둥둥둥

대나무 사시떨 듯
무당의 푸닥거리

이제 가면 언제 오나
가고 나면 더 못오리

바람도 윙윙윙
가을비는 주룩주룩

2.
아름드리 들꽃이여
그 푸른 벌판이여

아름답던 여인의 잘룩허리
모래톱이여

이젠 안녕 안녕

오늘도 함안보엔
바람소리 스산하고

주인없는 울음만
귓전에 들린다

3
개구리 개골 귀신
붕어 잉어 괴기 귀신
대대로 논농사
우리 할배 아배 귀신

그 깊은 물속
뭍 주검 흐르고
함안보 난간엔 또 다른 생명들
죽음을 기다리고 있다

노무현이 보고 싶다

1
웃기는 소리 마라

'조용해질 거야'
'저러다 지쳐서 말 거야'

이것들아 웃기지 마라

손바닥 구름 한 점
결국
온 천지 덮을 테니까

2
그게 어디 쉬운 일입니까

"미안해하지 마라
누구도 원망 마라."

삼킬 수 없습니다
넘어가질 않습니다
굵다란 가시가 목에 걸려
따갑기만 합니다

그게 어디 쉬운 일입니까

3
우리 승리하리라
밟아라 밟아라
그 모진 구둣발 뚫고
꽃을 피워 내리라

막아라 막아라
그 두꺼운 철벽 뚫고
강물 되어 흐르리라

4
꽃 사슬 불 사슬

촛불이 촛불만이 아니리라
횃불이 횃불만이 아니리라
봉화가 봉화만이 아니리라

저 수많은 꽃들이
피고 지지만 않으리라

손 엮고 어깨 엮어
꽃 사슬, 불 사슬 사태를 이루고
들로 산으로
강으로 바다로

미친 듯 미친 듯
휘저어 나아가리라

5
어느 날 문득

어느 날 문득
그대가 그리워져
긴 밤을 지새우게 되면
새벽안개 그치기 전
저에게 오실 수 있겠나요

그리운 이여
어쩌면 당신은
나에게 그토록 잔인하셨나요

6
당신이 있어 행복했습니다

당신이 있어 행복하였습니다
당신을 원망하고
당신께 항의도 하였지만
당신 때문에 희망을 가졌습니다

당신은 이 땅의 영원한 대통령
나에겐
항상 임기 없는 대통령으로 살아 있습니다

7
MB여, 고개를 들지 마라

가슴도 가지지 못한 자여
당신에게 감히 말하노니
고개를 들지 마라
저 맑고 거짓 없는 하늘을 볼
자격이 당신에겐 없다

8

MB, 당신에게 묻습니다

당신에게 묻습니다
당신은
삼천리반도 금수강산
민주주의 대한민국의
원수元首입니까
원수怨讐입니까

9
왜 그랬나요
조금만 뻔뻔하지 왜 그랬나요
조금만 약삭빠르지 왜 그랬나요
조금만 조금만
정말 조금만이라도
눈 한번 딱 감아버리지 왜 그랬나요

정직이 양심이
그 도덕적 자존심이
뭐 그리 대단하다고요

어떤 이는 살인하고
헌법을 파괴하고

어떤 이는 총칼과 구둣발로
어떤 이는 지조 팔아 야합으로
어떤 이는 파렴치 십 수차례 전과경력에도
모두모두 나라님 되고
떵떵거리며 잘 살고 있는데____

바보,
바보투성이 당신은
하나뿐인 생명마저도
바보 되어 버렸네요

아
정녕 당신은
죽기보다 싫어했던 교만과 위선을 떨쳐버리고
정직과 양심의 도덕적 가치를 움켜쥔 채
또다시 바보의 길을 가셨네요

10
그대 잘 가세요
아
이걸 어떡해
수 백 개 혼불이 하늘을 나르네
우리 곁을 떠나네

이젠
정녕 이별인가요
끝인가요
정말
그대 떠나가는 건가요

웃지 마세요
하얀 손 흔들지 말아요
미소를 보내며
이별인사 하지 말아요

까치발 우리의 눈물
그댄 보이지도 않나요

욕스런 도회의 밤
우리 몸속 모든 게 빠져나가
희미해져 가는 그대와의 간격

빌딩 숲 모퉁이 돌아
훠어이 훠어이
떠나가는 님이여

부디 잘 가세요

부디 잘 가세요

*2009.6.29 0시. 대한문 앞에서 수 백 개의 혼 불이 어두운 하늘을 수놓았다. 이젠 님의 영혼을 보내야만 하는 우리는 발꿈치를 곳 새운 채 떠나가는 님을 붙잡고자 안달을 한다. 남은 자들인 우리 모두는 욕처럼 남겨진 목숨이 부끄럽고 송구스러워 어쩌지 못한 채 날밤을 새웠다.

11
나는 전직이 대통령이었습니다
고마웠어요
날 대통령으로 임명해 주어서
시장, 도지사, 장관도 아닌 대통령이 되었으니
영원무궁 자손만대 이런 영광
꿈엔들 어찌 잊겠나요

고마워요
당신의 5년 동안
내가 대통령이 되었다니
대통령의 영화를 누렸다니

아, 그렇네요
내 아들 내 아내
서울역 노숙자 요양원 할아버지 할머니까지

저 유치원 꼬맹이들까지
모두모두 대통령으로 살았으니
고맙고 고마워요

지난 5년의 세월!
참 재밌었어요
살맛 나는 세상에서
사람향기 맡으며
즐거웠어요
행복했어요

12
나는 보았습니다
그날,
깊은 분노를 뚫고 솟구쳐 오르는 숱한 눈물 꽃들이
서로를 부둥켜안더니 꽃 타래로 엮어지는 것을

가마솥 더위,
뚝뚝 떨어지는 뭍 땀방울들이
굵디굵은 핏방울로 변하더니
급기야 툭툭 불거지는 밧줄로 엮이는 것을

*봉하마을. 노무현 49제에서

용산, 아직도 그곳에는

1.
가슴이 없는 자여
한갓 짐승에게도 있는 그 가슴을
어찌하여 그대는 가지지 못하였는가

2.
살고 싶다는 단순한 그 이유가
왜
죽임을 당해야 하는 이유가 되는가

3.
"우리의 비극은 악한자들의 만행이 아니라
선한 이들의 침묵이다"
마틴 루터 킹을 현장서 만나니 그는 우리에게 일갈하고 있었다

4.
안녕, 가난이여
아, 그러나 정작 떠나간 이는
그대들이네

5.
떨어진 다섯 꽃잎,
꽃자리로 남아

우리를 앉게 하네
우리를 쉬게 하네

*2009. 10. 1. 한가위가 바로 코 앞에 있지만 철옹성의 거대한 벽 앞에 가냘픈 배추벌레 같은 등걸로 연명하고 있는 유가족들과 240여 일이 지나도록 아직도 냉동고에 있는 용산참사 현장의 다섯 분을 참배하였다. 그러나 아무런 힘도 도움의 손길도 가지지 못한 나 자신이 초라하기만 하여 님들께 부끄러웠다.

다시 살아 여기에

장사익
– 소리에 젖다

1.
"살면서 좋은 인연 맺음은 참 행복한 일입니다. 시와 노래로 좋은 인연 맺었습니다"
오전에 부쳐온 장선생님의 편지를 보며 오후에 답장을 보냈다
"선생님의 노래는 저에게 혼음(魂音)으로 다가와 항상 감사할 뿐이지요"

우체국을 다녀온 후 다시 듣는 그의 세 가지 혼곡이다

"꽃구경"이 왜 나를 울렸을까
이리저리 떠 돌아다니며 엄마 가슴에 못만 박던 불효의 내 모습! 제대로 효도 한번 못 한 채 떠나보낸 어머니가 눈에 서리고 접신된 장사익은 내 가슴팍을 친다
지금에 후회한들 뭐에 쓰겠냐마는 꽃 얼굴 빼앗아 간 세월 앞에 무너질 뿐이다
난, 엄마를 고려장하였으나 어두운 산길 되돌아갈 자식 걱정에 당신은 솔잎을 따서 뿌리셨지. 그래 그러셨지
또다시 무너져 내리는 난, 아프다 못해 끝내는 혼절의 죄과를 받는다

2.
"장돌뱅이"를 들으며 아직 한 번도 가보지 못한 강원도 봉

평의 메밀밭을 달렸다
 이 겨울에 소금밭 같은 메밀꽃이야 있겠냐마는 나는 이미 그 꽃을 보았다
 아스라한 등불과 푸른 달빛에 혼절하여 허우적대는 난, 그래도, 아니 그래서 사랑을 만난다
 딸랑딸랑 달구지에 방울 소리 들으며---

 3.
 "이게 아닌데" 이게 아닌데 사는 게 이게 아닌데
 어느덧 꽃 피더니만 또 꽃이 지는데
 나는 히죽거리며 살았다 한다
 인생 중반도 더 넘긴 고개를 넘으며
 이게 아닌데 이게 아닌데 정말로 이게 아니라고 흔들어 보는데
 그래도 살았다고 하니
 '너 이놈아 그따위로 살고도
 살았다고 고집을 피우나---'

 아, 정말 이게 아닌데

아, 천상병

6개월간 당한 그 모진 고문의 세월
다리미 밑 납작해진 바짓가랑이처럼
망가지고 깨져버린 몸뚱어리
불알 터져 씨도 말라버린 천 시인은
모질게 부서지고도 그 나쁜 놈들 원망도 않고
동네아이들 좋아라 같이 뛰고 솟고
강아지, 고양이 친구들과 뜀박질하는 천진무구 시인이었지

간혹 들렸던 아내이자 천상 천사인 목순옥의
인사동 지하 찻집엔 아이가 다 되어버린 천 시인이 쭈그려 앉아있고
정신마저 희미해져 버린 그는 엄마인 양 아내인 양 그녀에게
술 내놓아라 5살 아이 되어 앙탈 부리고 있네
이제 그 천사마저 천시인 곁으로 날아가고
지하 공간은 휑한 바람만 오고 가네

아,
천상병!
전류가 온몸을 다림질하고
사타구니에 감추인 불알까지도 지져서
씨를 말려버린 저 악독한 군사독재권력의 주역이나 하수인들은

틀림없이 지옥에 모두 갔겠지만
천상병 그는 이 세상 소풍 끝내고 본향인 하늘나라에서
못 다 쓴 시를 쓰며 동네아이들과 뛰어놀고 있겠지
 아들 같은 남편 찾아 떠난 천사 순옥도 더불어 행복하게
살고 있겠지

 지금 그는 없고 그의 시는 남아
 지금 그는 없고 천진난만 미소만 남아

 푸른 초원 밤하늘 왕별이 되어
 나를 보고 있네
 나를 인도하고 있네

아, 손양원

일제강점기
역사의 어둠은 짙게 깔려
조국산하는 신음조차 못 하였던 때

이곳 칠원에 생명의 씨앗이 하늘로부터 내려와
참된 진리의 등불이 잉태되었다

아
1908년 4월 19일
그것은 폭포수로 다가온 사랑이었고
활화산으로 타 오른 불꽃이었다

사랑의 원자탄
신앙의 아버지 손양원 목사님을 주셨고
뭉개진 살점, 진물범벅 형제들과
사랑의 식탁을 함께한 어버이 사랑
아
하늘 같은 두 아들의 살인자마저도
가슴으로 보듬어 낸 숭고한 사랑
하늘도 울어버린 님의 사랑은
사랑의 끝점, 순교자의 삶으로까지 피어올랐다

이제
백 살의 다함없는 세월

여기 우리는 님의 뒤를 따르는
축제의 한마당에 섰다

이제 우리는
우리 어깨 위에 내리워진 사명을 위해
다함없이 나아가고
쉼 없이 전진하리

우리는 이제
뒤엣것은 다 버리고
앞을 향해 나아가리
믿음의 조상이 그러했듯
우리도 믿음의 후손들을 위해
어깨에 어깨 걸고
손에 손 맞잡고 --

그리하여
신앙 공동체의 과녁을 향해
지역 복음화의 과녁을 향해

우리 모두
꽃 피우고
열매 맺는
화살이 되리

화살 되어 날아가리

*2008. 4. 19. 시인의 모교회인 칠원 교회(손양원 목사님 모교회) 100주년에 즈음하여

열사의 밤이여

Ⅰ

제국의 호텔에 누워
쭉쭉 빵빵 뽀얀 몸뚱어리 신나게 더듬고 있다
황홀한 밤은 꽃처럼 내려오고
게슴츠레 두 눈은 헤헤 되며
배암처럼 휘감는다.

이국의 밤이여 꿀 같은 밤이여
사치스러운 이데올로기는 이 시간 필요 없다
모든 것은 허물허물
꿈결처럼 달콤할 뿐

Ⅱ

아,
헤이그
열사는 내 뺨을 후려치고
늘어진 배 가죽 위로 침을 뱉으신다
천장에서도
벽에서도
바닥에서도

열사의 창(槍)은 나를 향하고
타락한 영혼에 메스를 가한다

열사의 밤이여, 헤이그의 밤이여

열사는 살아서 나를 되돌리시고
조국은 저만치서 나를 부르신다.

*2006. 12. 11. 네덜란드 헤이그에서

* 짓밟힌 조국은 제국의 손끝에 흐느끼고 있고 애간장 녹는 이 준 열사의 혼은 눈물겹도록 아련하다.
비행기로 12시간!
열사는 이곳까지 무엇으로 오셨을까
`너는 지금 호사판 호텔에 왕자처럼 누워 조국을 논하고 민족을 논하고 나를 추억할 자격이 있는가. 나의 그리움, 나의 피를 지금의 조국으로 가져가야 하지 않는가. 못다 핀 그리움을 조국산천 한라에서 백두까지 활짝 활짝 피워야 하지 않는가 '
헤이그의 밤은 하얗게 이어지고 열사는 나에게 회초리를 후리신다.

1945. 8. 15. 해방이 되었다. 그러나 열사가 꿈꾼 해방, 이름 없이 빛도 없이 산화한 숱한 영혼들이 꿈꾼 해방, 김구,

장준하, 문익환이 꾼 해방은 아직 이 땅에는 없다.
 완전한 해방!
 그것은 남녘북녘 하나 되는 그날을 보는 것이다. 조국의 해방은 이렇게 완성되기에 열사의 꿈은 아직도 배고프다.

열사께서 내게 묻고 계신다
- 이준열사 서거 100주년에 즈음하여

   만국평화회의는 냉혹한 국제정치의 현실 앞에 이미 변질된 채
   희희낙락 흔들의자 붉은 카펫과 샹들리에로 벌겋게 녹아들고 있었다
   드디어 빈덴호프궁전의 야수들은 더요옹 여인숙의 초라한 열사를 내동댕이쳤고
   조선의 운명은 그렇게 그렇게 사그라들고 있었다

   '조국을 구원하소서
   일본이 한국을 침탈하고 있습니다'
   대답 없는 마른하늘을 향해 부릅뜬 마지막 절규가 귓전을 때리나
   저들은 이미 하늘나라로 가신 열사에게 또다시 비수를 꽂는다
   하나님은 혀가 잘린 채 어디에도 없었다
   '이준, 종신형!'

   1907년 7월의 야수들은 다른 모습으로 나타나
   2007년 7월을 능멸하는 또 다른 을사늑약을 획책하고 있지는 않는가?
   헤이그 서쪽 니우에이컨다위넌에서
   열사는 꼿꼿이 선채로
   아직도 조국을 지키고 계시는데

난,
이 나이에 무엇을 하고 있는가
무엇을 바쳤는가
나보다 훨씬 못한 나이에 분사하신 열사는 짧고 굵게 물으신다

그 누구도 넘볼 수 없는
그 누구도 업신여길 수 없는
그 누구도 까불 수 없는
완전한 조국, 그날을 위해
너는 모든 걸 던질 수 있는가

어깨동무 두둥실
백두에서 한라까지
아니,
한반도 구석구석 피어있는 가냘픈 들꽃들에게까지
하나로 하나로
어우러지는 그날까지

엉터리 지금의 만국평화를 깨부수고
을사늑약 괴수들의 칼날을 갈아엎을 때까지
그리하여
결국은 참된 평화가
이 한반도를 감싸 안을 때까지

이준이 되어
열사가 되어
저 남단 칼바람 찬 파도에도
굳건히 버티고 선
울릉군 남면 도동 1번지 그 섬까지
시퍼런 가슴과 손에 손 새끼 엮어 하나로 움켜쥔
굳은 맹세까지

아,
하늘 덕 보지 말고
괴수 덕 보지 말고
열사의 붉은 피
그것만 갖고

*2007.7.14.

라즈돌로예역*에서 장군을 뵈옵다
 - 고려인 이주 150주년에 홍범도장군의 넋에 붙여

까닭 없이 한 마리 닭 새끼 되어
까닭 없이 한 마리 소 돼지 되어
우린 화차 마구간에 내몰린 채 어디론가 실려 가고 있었어
추위와 배고픔과 병마의 공포와 더불어
어딘지도 모를 그 죽음의 땅으로---

더러는 맞아 죽고 더러는 배고파 죽고 더러는 얼어 죽고
더러는 더러는 병나서 죽어갔어
꿈도 희망도 잃었고
가족 간의 보고픔도
사랑하는 이와의 생이별도 하였어

흑빛 터널은 끝이 없었고
가도 가도 막장인 절해고도는
한 가닥 빛마저 앗아가 버렸어

   *

생명에의 투쟁
살아남아야 한다는 절박감에
우린 스스로를 단련시켜 나갔고
콩 한쪽 나누고 날 밤을 새우며
살점 뜯는 추위 속에

토굴 속 짐승 잠을 자기도 했었어

고향을 그리며 손톱 발톱 닳아가며 억척이 되었고
'살아야 한다' '살아야 한다'
모진 목숨 하루하루 연명의 고리 엮어
불꽃을 피워내고 아름드리 꽃도 피워 냈었어

마지막 피 한 방울까지 지불하며
우린 이다지도 욕스런 목숨 부여잡고
풀뿌리같이 살아남아 지금에 왔었어

*

나라 잃은 슬픔도 가난의 굴레도
이젠 안녕 이젠 안녕
가족도 찾고 자유도 찾고
그리하여 꿈에도 못 잊을 조국도 찾았어

결국
마지막 남은 것은
모두를 살려내고
두 개의 조국을 하나로 묶어내고
모두가 어깨걸이로 저 푸른 벌판 휘둘러 달려가는 꿈

그래 그래
그건 평화야
조국에 평화 꽃 피워
조국에 웃음꽃 피워
이 땅에 이 땅에 다시는 서러움과 전쟁과 반목질시를
깡그리 없애 버리는 꿈
남녘 북녘 두 개의 조국이 하나로 엮여
두리둥실 가슴 으스러지도록 껴안는 꿈

그건 평화야
그건 하나야
그건 그건
벌거숭이 맨 몸으로 부둥켜안는 거야

이젠
그 평화
그 하나 됨을 위해
우리가 가야 할 길을 주저 없이 나아가는 거야
모든 꿈과 희망과 자유와 삶마저 깡그리 앗아간
1937년의 그 라즈돌노예역,
다시 여기서 재출발하면서
하나를 향한
평화를 향한
아

꿈에도 못 잊을 조국통일을 향한
라즈돌노예역을 출발하는 거야.

*1937년. 스탈린의 고려인 이주정책에 의해 18만 동포들이 목적지도 모른 채 중앙아시아지역으로 쫓겨났었고, 약 30여 일 동안 굶주림과 추위, 병마로 인해 2만여 명이 사망하였었다. 봉오동전투 영웅 홍범도장군도 이때 끌려가서 카자흐스탄에 버려졌었다. 그 첫 출발지가 러시아 라즈돌로예역이다.

오, 민족의 교토중고등학교여

오,
수많은 난관을 이겨내고
이 영광의 팡파르가 우리에게 오다니
이게 사실인가?
진실로 사실이란 말인가?
그것도 남의 나라 일본땅에서
그것도 일본국민의 최고의 축제장에서
그것도 100분의 1 확률인 본선 진출에서
그것도 16강, 8강 4강 지나 결승전에서
아니,
그것도 4000여 팀에서 1등이라니 우승이라니
이 기적,
도저히 믿기지 않는 기적이 왔으니
이걸 도대체 어찌 믿으란 말인가
어떤 글로서 어떤 말로써 그 어떤 것으로
이 감정을 드러내야 한단 말인가

위대하다, 최고다,
그리고 눈물겹다, 기쁘다, 행복하다
교토중고등학교 159명의 아들들이여
골리앗 같은 학교가 넘치고 넘치는데
어찌 너 조그만 체구로 이 일을 해 내었단 말인가
 너 속에 다이아몬드보다 더 야무진 강인함이 숨겨져 있었다니

그 학교가 바로 민족교육 위해 설립한 우리의 학교라니

"동해바다 건너서 야마토땅은
거룩한 우리 조상 옛적 꿈자리
아침저녁 몸과 덕 닦는 우리의 정다운
보금자리 한국의 학원

시대를 울리도다 자유의 종은
자주의 정신으로 손을 잡고서
자치의 깃발 밑에 모인 우리들
씩씩하고 명랑하다 우리의 학원

해바라기 우리의 정신을 담고
문명계의 새지식 탐구하면서
쉬지 않고 험한 길 가시밭 넘어
오는 날 마련하다 쌓은 이 금당

힘차게 일어나라 대한의 자손
새로운 희망길을 나아갈 때에
불꽃같이 타는 맘 이국 땅에서
어두움을 밝히는 등불이 되자"

들리느냐
'~~ 동해바다 건너서~~"

NHK에서 울러 퍼지는 저 소리를
이 시간 일본 전 국민이
하던 일 내려놓고
밥상 숟가락 내려놓고
길을 가다가 발걸음 내려놓고
넋마저 내려놓고
눈동자마저 고정하여
듣고 보고 있을 저 광경을
아
눈물겹도록 끓어 올라
나를 꼼짝 못 하게 묶어버리는 저 광경을

충청도와 전라도의 부여 백제가 일본열도에 세운 나라
오늘날 일본의 근본이 되고
우리의 얼이 고스란히 담긴 나라
그 은혜 깡그리 잊은 채 되려 압살자가 되어버린 저들
그 일제의 발굽에서 벗어나기까지
그 혹독함을 견디어 내며 우리 얼을 견지하고
건학이념 한 톨도 버리지 않은 채
우리 것을 지키고 이 자리에 우뚝 선 우리의 용사들이여

오오
조국땅은 독립운동가의 동상을 뽑아내고
친일, 뉴라이트를 곳곳에 찡 박아 놓고

독도를 걷어내려 하고
일본 자위대가 독도 부근까지 들락거리는데
굴종적이고 왜곡된 논리로 일본과 짝하려 하는데
나라는 온통 일본 입맛 맞추느라 나라님부터 대신들까지
앞다투어 살살이 짓인데

너희들이 없었다면
이 수모와 이 깊은 한숨을 어떻게 참고 견디었겠나
이 부끄러움과 무너져 내리는 자존심을 어디서 찾을 건가

오
우리의 학교 교토중고등학교여
영원하라 영원하라
활화산으로 타 올라라
진달래 되어 온 산천 벌겋게 물들이라
땅에 내동댕이 쳐진 우리의 정신을 다시 무장시키고
쓰레기통에 내던지려 날뛰고 있는 저 망나니들을 쫓아내고
대한의 아들답게 훨훨 타 올라라
영원에서 영원으로 또 영원하라.

*2024년 일본 전국 고교야구대회는 세계 최대 규모의 대회이다. 여기서 우리 민족학교가 우승하였다. 이것은 기적이다.

만주벌판에서 대왕을 뵈옵다

새벽 4시 30분,
지난밤 게르*에서 오들오들 추위로 날밤을 샜으나
다디단 공기를 먹으며 초원을 오른다.
나는 광개토왕 호령하던 군 사령부 언덕에 올라
사막의 일출에 몸을 맡긴다

오보산엔 대왕의 고함소리 귓전에 들리고
아래 초지의 4만 군사들은 군령 깃발 맞춰
보무도 당당 그 장대한 움직임에 산천도 엎드려졌다
저 서쪽 너머 거란오랑캐 노략질을 단칼에 베어내니
그 위엄 하늘 찔러 고구려 기세를 누가 꺾으랴

아
그때엔 우리 땅
대왕의 지휘대 오보산*엔
몽골의 어워*가 성황당으로 놓여있고
맞은편 아랫자락엔 붉은 오성기* 펄럭이니
우리 땅 고구려를 두고 니땅 내 땅
노략질 근성은 버리지 못하고 있구나

아
지금은 남의 땅 오보산에 서서
고구려 광활한 초지를 걸어 나오며
39살 생을 마친 우리의 대왕께 큰 인사 올린다

이 차가운 새벽에도
솜다리도 쑥부쟁이도 만발하니
대왕의 넋이 이곳에 계시는가
우리들 잘 왔노라 손짓하시는가

아
이 넓은 만주땅이여
물줄기 풀 한 포기 바람소리 구름 한 점에도
우리의 혼이 서려있는데
이 광활한 만주벌판 뒤로하고
발길을 돌려야 한다니

나는 대왕께
두 손 모아 머리를 조아리고
발길을 돌린다

*게르 – 몽골식 야외 전통가옥
*오보산 – 광개토대왕이 평지보다 조금 높은 산봉우리에 올라 군사를 훈련시킬 때 지휘대로 사용하던 곳
*어워 – 몽골어로 제사 지내는 곳인데 일종의 성황당 같은 곳으로 형형색색의 천으로 빙 둘러쳐서 둥글게 만들어 놓은 조형물
*붉은 오성기 – 어워 아래쪽에는 중국 국기인 오성기를 세워 여기가 중국 땅임을 은연중에 표시해 놓음.

한강에 빠지다

TV와 모든 언론 그리고 사회단체들
누가 그녀를 먼저 잡느냐 난리법석이다
인터뷰 독점, 최초 인터뷰, 대박인터뷰를 노리는 그들의 전쟁은
낮과 밤의 시간과 장소도 불문이다
순수하다면 천만다행이나
상업적 의도가 의심스러워 쓴맛이다.

그런데 야속시리 그녀는 꼼짝 안 한다
선배 작가인 아버지 한승원조차도 그녀에게 항복이다
전국이, 아니 전 세계가 난리인데
그녀가 태어난 마을이야 이 흥분 어찌 참을까
그러나 아버지는 마을 잔치를 마련하려던 계획을 접는다
생각지도 못한 딸의 마음을 알아버렸기 때문이다

'지금 우크라이나, 팔레스타인, 레바논 등 모든 곳에서
사람이 죽어나고 있는데
잔치 벌일 수 없어요'

아
한강은 대인이다
그녀의 멘트에 왜 눈물이 날까
아니 성스러운 성직자일지도 몰라
평화를 사랑하고

그 어떤 명분의 전쟁도 반대하고
국가 폭력은 끝 간 데 없어 대량학살하며
영아도 노인도 죽어나가고 임신부를 난도질하고
엄마 뱃속 생명을 끄집어내며 시시덕거리는
저 악마들의 괴기스러움에 몸서리치고 있을 그녀가 보인다

'이 미친 짓을 반대해요, 제발 제발 그만두세요'

그녀는 책을 통해 보이게 혹은 보이지 않게 부르짖고 있다
아니 피울음을 내놓고 있다.

  그녀는 '사람이 꽃 보다 아름답다'고 지금 이 순간에도 부르짖고 있다.
생명,
그렇다 바로 생명이다
인간이다. 인간의 목숨이다
바로 그 생명이
돈보다
총알 보다
고급 아파트보다
수억의 자동차보다
명문대 학위보다
그 어느 것 보다도
더 아름답다는 것을 더 고귀하다는 것을

아니 천하보다 더 소중한 것이 생명이라는 것을
하늘로부터 받은 천부의 인권이라는 것을
이 세상 그 어떤 가치에도 우선한다는 것을 피울음으로
웅변하고 있다.

그러나 그러나
세상은 결코 녹록지 아니 하구나
수상 받은 이 순간, 시간이 흐르고 있는 지금 이 시간에도
그녀를 깔아뭉개고 노벨상을 폄훼하고
표피적 주마간산 격으로 책을 훑고는
심지어 그 못쓸 놈의 정치적 진영논리까지 덮어씌워 말을 쏟아낸다
질투인가
문학적 열등의식인가
진영논리인가
지역 갈라치기인가
무지의 소산인가

도대체 숲을 보지 못하고 달을 보지 못하는
이들의 우둔함과 천박함의 끝은 어디까지인가?

아, 한강!

나는 그를 사랑한다

아니,
이 시간에도 생명,
생명을 움켜쥐고 울부짖는
그녀를 존경한다.

*2024년. 여성으로서는 아시아 최초로 우리의 한강 작가가 노벨 문학상을 받았다.

어떤 짝사랑

선배 목사인 그는
일그러진 표독함이 분명 목사가 아니었다
그는 이미 마귀로 변해 있었다

권력을 탐하다
권력을 짝사랑하다
결국
그 권력의 노예가 되어 버렸고
그 권력은 그를 쳐다보지도 않았다

두 번에 걸친 짝사랑으로도 뜻을 이루지 못하자
그는 표독함과 복수심에 불탄 마귀가 되어 버렸다

이제 그는 또다시 새로 탄생된 권력에 몸담기 위해
예쁘게 화장하고 온갖 색기를 발하고 있다

그러다가
언제쯤이 되면
다시 짝사랑으로 끝나고 말게 될 자신의 처지를 알게 될 것이다

언제까지 게걸스러운 모습으로 살다가
제 자리로 돌아올까
그때가 언제일까

저러다 자살은 안 할까

나는 그 선배 목사가 사람의 모습으로
돌아오게 되는 날을 보고 싶은데
그때가 언제쯤 일까
그것이 가능이라도 할까

아, 문익환

3.8선 철조망 움켜쥔 열 손가락
찢긴 살점,
그 마디마디 사이로 선혈의 피 뚝뚝 흘리며
이래선 안된다고 이래선 안된다고 남은 피 쏟아내며
주야장천 꿈꾸셨던 나의 스승

아
평화의 꿈, 통일의 꿈
남녘 북녘 하나되는 꿈
그 꿈이 지금에 살아
우리 가슴팍 철화살로 박혀있다

그날은 언제일까
그날은 언제 올까

예수의 참 제자 문익환
 평화와 정의를 세워 이 땅에 하나님 나라를 건설코자 하셨던
 나의 스승 아니 우리 모두의 스승

목사의 양심으로
교수의 지성으로
시인의 꿈으로
나를 가르치셨던 스승 문익환

이제 스승의 꿈이 성취되어야 하는데
우리는 어디서 무얼 하고 있나
우리는 도대체 어디쯤 와 있나

'통일 다 됐어'
'나는 꿈을 꿀 거야'
우리의 스승이 몸서리치도록 심장에 간직하셨던 꿈
바로 그 꿈,
이제는 기필코 그 꿈은 우리의 현실로 다가와야 한다

이제 그 꿈을 우리가 다시 꾸자
 남북을 이간시키고 온갖 술수로 모함하는 저 극우 꼴통들을 뒤로하고
 이제 그 꿈을 우리가 다시 실천하자
 멀쩡한 민주, 평화인사 빨갱이 몰이로 매도하고 나뭇가지 분지르듯 밟아버려도
 이제 그 꿈을 우리가 다시 손에 넣자
 스승을 위험한 '감상적 통일분자'로, '소영웅주의자'로 호도하여
 기득권을 사수하려는 저 악마적 간계꾼들 득실거리더라도

 그리하여 두둥실 춤판을 거창하게 벌리자

우리의 머리에
우리의 가슴에
우리의 손에
그 꿈이 우리들 가슴팍에 꽂히도록 하자

아
나는 마산역에서 평양행 기차표를 끊어
우리 강산, 우리 들녘, 옹기종기 우리 마을들 뚫어져라 응시하며
까치발 더 높여 차창에 눈을 박고
끝없이 끝없이 끝 간 데 없이 내달리고 싶다
화해를 싣고 평화를 싣고 통일을 싣고
마산을 출발하여 대구 대전 서울 드디어 평양에 당도하면
거기서 꿈을 만나고
거기서 스승을 만나
덥석 엎드려 큰절 올리며 밤새껏 어깨 춤추다가
그 자리에 쓰러져도 좋을 만큼
아니 그 자리에 쓰러져 영영 일어나지 못할지라도
내 몸속 눈물 한 방울 피 한 방울까지
죄다 쏟아 내리라

아
백범 김구와 장준하로부터 문익환에 이르기까지 꾸었던 그 꿈

'우리의 소원은 통일, 꿈에도 소원은 통일'
영이도 철수도 목놓아 불렀던 그 꿈
남녘 북녘 칠천만이 꾸었던 바로 그 꿈이여

이제 우리가 문익환이 되어 그날을 가슴에 담아야 한다.
기필코 기필코
우리 모두의 손에 억세게 움켜쥐고
다시는 다시는 빼앗기지 말아야 한다.

아
늦봄 문익환!
그가 지금 이 자리
바로 여기에
우리와 함께 하고 있다

*늦봄 문익환목사님 가신지 27주년을 맞는 날에——

다시 라즈돌로예역에 서서

조선을 조선이라 부르지 못해요
조선사람을 조선사람이라고도 부르지 못해요
남북에 걸리지 않는 그 이름
고려와 고려사람이라고만 부를 수밖에 없어요
내 이름조차 내 맘대로 부르지도 못하는
이놈의 아픔이여
이놈의 통탄이여

이제 우리로 하여금
고려라 부르든 조선이라 부르든 아무런 거침없이
그 어떤 장애에도 걸리지 않는 저 바람같이
빨갱이 타령 꼭두각시 타령
3.8선이든 미국이든 일본이든
그 어떤 것에도 걸리지 않는
그 어떤 비아냥과 가짜 논리에도 걸리지 않는 그 바람이기를
그 바람의 노래이기를
그 바람의 춤추는 이름이기를
종횡무진의 바람이기를
우리 모두의 바람이기를

이제 이곳 최재형도 살려내고
블라디보스토크역 창가에 선 고독한 사나이 안중근도 살려내고

유허비 속 이상설도 살려내어
어우둥실 어깨 걸고 목 터져라
불러보는 아리랑 아리랑이기를
그 고개 넘어서 갈 수 있기를

부산에서 서울을 지나 군사분계선 찍고
평양 거쳐 신의주까지
그리고 저 유라시아까지
희망의 한반도를 꿈꾸자

그리고 잠깐
여기 라즈돌로예역에 들려 중앙아시아 칼바람 죽음을 살
았던
그곳을 휘달리며 평화노래 목 놓아 부르자
동양의 평화 위해 블라디보스토크역에서
그 죽음의 기차에 몸을 싣고 하얼빈을 향했던 안중근과
헤이그 평화의 염원을 가슴에 안고
조국땅 흘러드는 그 강가에 스러져간 이상설이며
재산 털어 독립군 길러냈던 최재형도 이곳에 모셔와
모두 손잡고 목 터져라 평화아리랑을 불러보자
분단과 냉전의 음침한 죽음의 골짜기를 지나
평화꽃 이 땅에 만발하는 그날을 향해 가자

모든 고난을 넘어

모든 가짜를 넘어
모든 빨갱이 장사치들과 적폐를 너머
희망으로 달려가는 여기 라즈돌로예역에서
환희의 기차를 타자
희망의 기차를 타자
평화의 기차를 타자

*2019년 6월 19일, 두 번째 라즈돌로예역을 방문하여

김주열, 지금 여기에

4월 11일,
그 좋은 계절에 피려던 꽃 다시 지고
무학산의 산들바람 바닷물과 어우러질 때
그 상큼한 바람 폭풍우에 사라지고
파란 바다는 지옥 같은 어둠에 젖어들었습니다
도대체 그 좋은 날
그대는 어디에서 무엇하고 있었습니까
차가운 바닷속 죽음을 살아야 했던
여섯 개의 돌덩이 그대 온몸 바다으로 끌고 갈 때
그대는 왜 거기 있었습니까
아
적막강산 그 어둠의 동굴에 갇혀
죽음보다 더한 고독 속에
도대체 왜 그대는 거기에 있었습니까
아
시대의 아픔 속, 욕처럼 남은 목숨
차마 가시지 못하고 우리에게 다시 나타나신 그대여
내려앉은 몸, 그 몸부림과 부대낌과 고독을 밀쳐내고
백척간두 조국의 민주주의를 살리고자
솟아올라 우리 곁에 섰던 님,
빼앗긴 사월이 신록이 되고 새들 지저귀는 사월로 남아
우리에게 꽃도 향기도 미소로 발하기를 기도하며
우리에게 오신 님,
그 기도 하늘 같아

십칠 세 나이도 십칠 센티의 미제 최루탄도
죽음의 공포도 천근만근 돌덩이도
님을 이기지 못하였습니다.
그렇게 그렇게 우리 곁에 오신 당신입니다

    *

중앙부두의 기념물도
모교 마산상고의 기념비도
경상남도 기념물 제277호도
3.15 탑도
3.15 국립공원도
사월혁명 발원지 마산의 긍지도
박제되어 지금 우리 앞에 버티고 서 있다면
우리는 우리 손으로 님을 또 죽이게 됩니다.
우리는 저 간악한 자유당 정권과 무엇이 다를까요?
우리는 또다시 님에게 최루탄을 먹이고
캄캄한 바다동굴 죽음 속에 님을 쳐 박아 놓을 수 없습니다
역사가 지금이 되고 역사가 여기가 되어
님의 큰 뜻이 지금에 살아
이산 저산 훨훨 다닐 수 있게
이 땅의 사월이 핑크빛 만발로 온 산하를 물들일 수 있게
님이 가는 길에 수 없이 놓여 있는 저 악다구니 잡것들
자유당정권과 유신독재와 광주학살 쿠데타 정권과

그리고 나 몰라라 무지한 정권 죄다 몰아내고
일제향수와 유신향수에 젖은 무리들도 다 몰아내고
빨갱이 종북 장사치들 죄다 몰아내고
태극기 모독하는 극우골통들도 다 몰아내고
안중근의 태극기로
홍범도의 태극기로
김구의 태극기로
장준하와 문익환의 태극기로
박종철과 이한열의 태극기로
남녘북녘 영희와 철수의 태극기로
민주주의와 평화의 태극기로 살려 내야 합니다.
내가 김주열이 되고
네가 김주열이 되고
우리가 김주열이 되어 시퍼런 눈 크게 뜨고
이 땅의 민주주의와 이 땅 남녘북녘 평화꽃 만발을 위해
우리 모두가 독수리 눈동자가 되어야 합니다.

　　　*

아
김주열 열사여
님은 갔으나 우리 가슴에 남아
님은 없으나 우리에게 살아
이 시간 여기에 촛불이 되고

어깨걸이가 되고
평화의 불씨가 되고
화해와 용서가 되어
저 3.8선을 무너뜨리고 화해의 님으로 오십시오
저 극우의 빨갱이 장사치들을 넘어
 진하디 진한 눈물 쏟으며 으스러지도록 부둥켜안는 어깨걸이로 오십시오
찔레꽃 진달래꽃 향기 온 산하 뿌리며
남녘북녘 평화춤 두둥실 그날을 위해
 어허야 둥실 어깨걸이로 하나 되는 그날까지 나아가겠습니다.

김주열의 혼이 여기에 살아
우리와 함께 하고 있다.
지금 여기에
우리 모두와 함께

이상익
장시모음시집
다시 살아 여기에

인쇄	2025년 2월 10일
초판1쇄발행	2025년 2월 19일
지은이	이상익
펴낸이	전형철
편집	갭
웹디자인	김태완
펴낸곳	갭 - 월간모던포엠출판부
후원	월간모던포엠
주소	서울시 중구 수표로4길 27, 상강빌딩 2층
전화	02-2265-8536
팩스	02-2265-0136
손전화	010-9184-5223
이메일	mopo64@hanmail.net
정가	10,000원

* 작가와의 협의하에 인지는 생략합니다
* 파손 및 잘못된 책은 교환해 드립니다
* 이 책의 저작권은 저자와 갭 모던포엠사에 있습니다